Thomas Frahm • Oh, Bulgarien

FSC
www.fsc.org
MIX
Papier aus verantwortungsvollen Quellen
Paper from responsible sources
FSC® C105338

Thomas Frahm

Oh, Bulgarien

Land und Leute, Kultur und Gesellschaft

CHORA

Zum Umschlagbild:

Ivan (eigentlich Jan Vaclav) Mrkvička (1856-1938)
Răčenitsa, 1894
Öl auf Leinwand
Aus der Serie der »ethnografischen« Gemälde, in denen Mrkvička zwischen 1890 und 1900 typische bulgarische Genreszenen festhielt: Viehmärkte, Haiducken im Wald, Vogelhändler, Zigeunerlager, Volkstänze, Hirten, Bauern, Klageweiber am Grab etc.

Erstveröffentlichung 2017

Fotografien, falls nicht anders vermerkt, vom Autor.
Einige der farbigen Originale oder besprochenen Gemälde sind zu sehen auf der Website des Verlages.
Hier abgedruckte Gemälde aus anderen Quellen sind frei von Autorenrechten verfügbar.
Lektorat: Michael Hellwig, Enger
Buchgestaltung und Satz: CHORA Verlag
www.choraverlag.de

ISBN 978-3-929634-77-8

Printed in Germany

Hl. Dreifaltigkeitskirche (»Sveta Troítsa«), Ruse

Abb. Seite 5: Kirche Sveta Troítsa
Ruse a. d. Donau, 1632 erbaut

Farbiges Glasfenster und magisches Lichterspiel im Treppenhaus hinunter zum Kirchenraum. Da christliche Kirchen im Osmanischen Reich zwar erlaubt waren, aber niedriger sein mussten als die Moscheen, wurden sie in die Erde gebaut.

Inhalt

Sonderzeichen und ihrer Aussprache

ă	guttural hervorgestoßener Laut wie der unbestimmte englische Artikel *a* – a house
C, c	*Ts* bzw. *Z* wie in Zentrum oder *tz* wie in Platz
ć	Buchstabe am Ende von Namen serbischer Herkunft, entspricht in etwa *dsch*
Č, č	Tsch, tsch
ğ	*ch* wie in *ach,* aber weicher, fast wie ein hinten im Gaumen geknurrtes *r.* Tritt meist bei der anatolischen Namensendung *-oğlu* auf
h	hartes *ch* wie in *ach*
ij	ein *i,* das eine galante Verbeugung zum *j* macht, also weich ausgesprochen wird
S, s	scharfes *s* wie *ß*
Š, š	*Sch, sch* wie in Schiller
ya, ja	etwa *i-ja*
yi, ji	etwa *i-ji*
Z, z	weiches *s* wie in Summen, Salz, sauber
Ž, ž	weiches *sch,* in etwa so wie das G in Gelee

Als Betonungshilfe wird in diesem Buch auf den Vokal der ersten betonten Wortsilbe ein Akzent gesetzt: í, é, ó, á, ú

Abb. Seite 9: Razgrad, Varoša-Viertel

Haus in der Fachwerk-Kassetten-Bauweise mit vorspringendem Obergeschoss, wie sie in der Zeit der bulgarischen Wiedergeburt (1752-1861) typisch waren.

Vademecum für Bulgarientouristen
Eine Einstimmung im Reiseführerstil

Bulgarien – ist das nicht dieser Ballermann-Abklatsch am Schwarzen Meer? Wer suchet, der findet – auch das, ja. Das Land bietet mit traumhaft feinen Sandstränden, stabil sonnigen Sommern und einer internationalen Standards genügenden Hotel- und Feriendorf-Infrastruktur an Gold- und Sonnenstrand, seinen Strandbars und -diskotheken, Musikklubs und Szenelokalen alles, was Partylöwen und Feierbiester suchen; aber das ist eben nur ein winziger Teil dessen, was Bulgarien zu einem lohnenswerten Reiseziel macht.

Schon an der Schwarzmeerküste zwischen Albena und Nessebär bieten Natur und Kultur auch für diejenigen etwas, die mehr wollen als Sonne, Meer und Strandparty. Im Norden laden Kap Kaliakra und andere schroffe Kalksteinvorsprünge an der Steilküste zu Panoramablicken ein, im Süden, in Burgas, findet alljährlich ein Sandskulpturen-Wettbewerb statt, für den sich Feinsandkünstler bewerben können. Es müssen nicht unbedingt Burgen aufgehäuft werden, auch Comic- und Superhelden, Fabeltiere und Promi-Porträts in Überlebensgröße sind willkommen.

Nessebăr, eine der Koloniegründungen der alten Griechen rund ums Schwarze Meer im 8. Jahrhundert v. Chr., liegt auf einer schmalen Landzunge und mischt mit den Ziegelbögen, »gestreiften« Mauern im *mixtum compositum* und den Kuppeln seiner romanischen Basiliken einen Hauch byzantinische Exotik in die warme Meeresbrise.

Wer nicht nur bulgarischen Gaumen-, sondern auch Ohrenschmaus sucht, der findet in Varna beim Sommermusik-Festival Veranstaltungen mit Musikern, die authentische Folklore, bulgarischen Jazz oder E-Musik bulgarischer Komponisten spielen.

Geografisch und klimatisch ist Bulgarien reich gegliedert mit kontinental-trockenem Klima im Norden, fast subtropischen Verhältnissen im Süden, »humidem« Regenklima in den vier Gebirgen Balkan, Rila, Pirin und Rhodopen und dem Mittelmeerklima an der Schwarzmeerküste. Die meist flachwellige Landschaft zwischen der Donau im Norden und der Gebirgskette des Balkan ist die Korn- und Maiskammer des Landes, aber auch Anbaufläche für edle Weine, Baumwolle und Sonnenblumen.

Tropfsteinhöhlen im Nord- und Südwesten*, Handwerkerstädte wie Gabrovo, die alte Zarenstadt Veliko Tărnovo mit ihrem mittelalterlichen Burghügel und der steil zur Jantra abfallenden Altstadt, Ruse an der Donau mit dem Geburtshaus von Literatur-Nobelpreisträger Elias Canetti**,

---

* Berühmt sind die auf 35 000 Jahre geschätzten, mit Fledermauskot an die Wand gemalten Jagd- und Ritualszenen in der Höhle Magura.

** Siehe auch das Kapitelchen »Ruse« in: Claudio Magris, *Donau. Biografie eines Flusses.*

der tief in die Erde gebauten *Kirche der Heiligen Dreifaltigkeit* mit ihren faszinierenden Glasfenstern und den südlich am Flüsschen Rusenski Lom gelegenen Felsenklöstern von Ivanovo mit ihren Wandmalereien sind einen Aufenthalt wert. Und neben der berühmten Altstadt von Plovdiv mit ihren bunt gestrichenen Bürgerhäusern aus dem 18. und 19. Jahrhundert im Fachwerk-Kassetten-Bau mit vorspringendem Obergeschoß und natursteingepflasterten Gassen dazwischen können auch die Regionalstädte Loveč, Pleven oder Razgrad mit ihren Varoša-Vierteln aus der bulgarischen Wiedergeburtszeit glänzen. In Razgrad steht auch die älteste und vielleicht schönste Moschee der Balkanhalbinsel aus dem 17. Jahrhundert.

Östlich von Šumen befindet sich der Freilichtmuseumskomplex um den *Reiter von Madara,* ein lebensgroßes, in 23 Metern Höhe in den Felsen gehauenes, etwa 1200 Jahre altes Relief eines Ritters, der mit der Lanze einen Löwen ersticht. Manche glauben, es stelle Khan Kubrat dar, den Gründer des ersten bulgarischen Großreiches von 632, andere suchen Verbindungen zur Herkunft der Protobulgaren aus der Altai-Region Asiens.

Wer Sinn für mystische Atmosphäre hat, fährt von Veliko Tărnovo aus ein paar Kilometer nördlich nach Arbanasi, wo in kleinen, unscheinbaren Kirchlein im rußigen Dämmerlicht duftender Andachtskerzen weite Seelenräume sich öffnen durch den Zauber kostbarer Ikonen und alter Wandmalereien.

Auf dem Kamm des Balkangebirges, das Bulgarien wie ein Rückgrat über fünfhundert Kilometer von Westen nach Osten durchzieht, erstreckt sich der Höhenwanderweg Kom-Emine, auf dem man nicht nur hohe Wasserfälle und das eindrucksvolle Durchbruchstal des Flusses Iskăr sehen, sondern auch das Städtchen Trojan besuchen kann mit seinem viel zu unbekannten Kloster, in dem eine der bedeutendsten bulgarischen Ikonen, die der *Dreihändigen*

Muttergottes mit Kind, zu sehen ist. Die typischen bulgarischen Töpferwaren stammen auch meist aus Trojan und sind im örtlichen Kunsttöpferei- und Trachtenmuseum zu besichtigen. Da am Südhang der Berge bei Trojan die blaue Pflaume bestens gedeiht, gibt es hier auch Slivova-Brennereien, in denen der beste Pflaumenbrand ganz Südosteuropas erzeugt wird.

Zwischen Südhang des Balkans und dem flankierenden Höcker der Sredna Gora (Mittelgebirge) mit seinen Museumsstädtchen wie Kárlovo, Sópot, Kalófer oder Koprívštitsa, aus denen viele Nationaldichter, Aufklärer und »Volkserwecker« stammen (deren Häuser meist zu besichtigen sind), liegt das Rosental. Mit seinem fast subtropischen Mikroklima bietet es der duftölreichen Damaszenerrose ideale Wachstumsbedingungen.

Heute leidet der Rosenanbau unter Arbeitskräftemangel, da die wirtschaftliche Strukturschwäche in dieser wie in fast allen Gemeinden Bulgariens außerhalb Sofias viele Bewohner auf Arbeitssuche ins Ausland getrieben hat. Gefeiert wird die Rosenernte im Juni trotzdem.

Eine Fahrt durch das Rosental lohnt schon allein, um das berühmte Thrakergrab von Kazanlăk zu sehen. Auch wenn aus Denkmalschutzgründen nur die Nachbildung des 2500 Jahre alten Hügelgrabes eines thrakischen Herrschers zu besichtigen ist: Die Farbenpracht und der Realismus der an die Wände gemalten Szenen um eine thrakische Königin sind atemberaubend.

Im Rila-Gebirge sind die sieben stahlblauen Seen zu entdecken, an denen Weisheitslehrer Petăr Dănov mit seinen Schülern von der Weißen Bruderschaft Eurhythmie-Rituale bei Sonnenaufgang durchführte. Hier im Hochgebirge sind immer noch seltene Heilkräuter, Pilze und Vogelarten zu finden, die das Kommen für Naturliebhaber lohnen.

In abgelegenen Dörfern, Klein- und Kreisstädten sind neben Architektur aus der bulgarischen Wiedergeburtszeit

(1762-1878) vormoderne Lebensweisen, lebendige Traditionen und großartige Landschaften zu entdecken.

Kulturtouristen können in bulgarischen Kirchen und Klöstern, keineswegs nur dem Rila-Kloster, einen ganz ungewöhnlichen Beitrag zum europäischen Mittelalter und zur Renaissance kennenlernen und darüber spekulieren, wie die Geschichte ohne die Kirchenspaltung zwischen Rom und Byzanz 1054 und die Eroberung des Balkans durch die Osmanen Ende des 14. Jahrhunderts verlaufen wäre. In vielen der großen und kleinen Klöster kann man auch sehr preiswert übernachten.

So bietet Bulgarien statt einer Variante dessen, was wir schon kennen, viele exotische Eigentümlichkeiten von der Kalligraphie an den Innenwänden der Moscheen (Die in Sofia wurden erst vor wenigen Jahren restauriert.) bis zu der angenehm gelassenen, halborientalischen Lebensweise und der orientalisch beeinflussten, aber viele eigene Akzente setzenden Küche.

Eine eigenständige, bis heute lebendige Ikonenmalerei, die sich durch realistische, nicht-stilisierte Malweise auszeichnet, und unverwechselbare Volksmusik sind zwei weitere »kulturelle Alleinstellungsmerkmale« Bulgariens.

Die Industrialisierung, die die kommunistische Partei bis zur Wende von 1989 betrieb, hat zwar vieles zerstört, und auch der rasante gesellschaftliche und wirtschaftliche Wandel seit dem Mauerfall hat vieles, was noch zur Millenniumswende Alltag war, museal werden lassen. Doch es gibt positive Entwicklungen, die Bulgarien für bewusst reisende Touristen interessant machen.

Da ist zum einen die Öko-Szene, die von der landwirtschaftlichen Produktion bis zum Vertrieb in Bio-Shops und Bio-Restaurants Dinge bietet, die man nur hier essen und trinken kann. Da ist zum anderen, bedingt durch das Verschwinden der Volkskultur, das Aufkommen einer Traditionsgastronomie, die das Verschwundene, da es nun ein

»knappes (Kultur-)Gut« ist, wirtschaftlich aufbereitet, von Omas Rezepten über die Inneneinrichtung bis hin zur in Trachten gekleideten Bedienung; vom bemalten Geschirr aus rotem Ton bis zu handgewebten Decken und Läufern, von der Live-Musik mit Folklore-Instrumenten bis zu Gebrauchsgegenständen aus alter Zeit kann man in diesen Restaurants erleben, wie Bulgaren, zumindest die reicheren unter ihnen, einmal gelebt haben.

Deutsche Förderung hat es ermöglicht, dass bulgarische Weinbaubetriebe mit neuester Kellertechnik und schonender Weinbereitung endlich das ganze Potenzial des guten Terroirs ausschöpfen und Weine erzeugen können, die keinen Vergleich mit großen Tropfen aus Italien, Frankreich, Kalifornien und den Aufsteigerregionen Chile, Südafrika und Australien zu scheuen brauchen.

Warum all dies noch nicht so bekannt ist, wie es verdiente? Lange Zeit fehlte es Bulgarien an der nötigen Infrastruktur. Erst wenige Jahre vor dem EU-Beitritt 2007 gab es im Binnenland erste Hotels und Beherbergungsbetriebe, bei denen es keine der typischen Beanstandungen mehr gab mit den drei Problemzonen Bad, Heizung und Bett. Heute ist all dies auf internationalem Standard.

Auch das Straßennetz ist trotz der schlecht widerlegten Gerüchte, dass sich bei deren Ausbau und Instandsetzung mithilfe europäischer Strukturfördermittel einige Oligarchen mächtig bereichert haben, nun wieder in einem Zustand, der unfallfreies Fahren zu den Sehenswürdigkeiten, Start- und Zielpunkten zumindest derzeit erlaubt. (Wie lang die konsequent zu dünn aufgetragene Asphaltdecke hält, wird sich zeigen.)

Man hat heute die Wahl, ob man mit einem Leihwagen unabhängig fährt, mit einem Überlandbus oder der Bahn. Nahverkehrsnetze sind in Städten meist gut ausgebaut, Taxis erschwinglich. Für Tagestouren zu bestimmten Zielen kann man sich aber auch an eine Touristikfirma vor Ort wenden und dort kurzfristig buchen. Das ist einfach, sicher und heute auch seriös.

Wer sich an die Verkehrsregeln hält, braucht kaum zu befürchten, von Verkehrspolizisten unter fadenscheinigen Gründen angehalten und um Strafgelder erpresst zu werden. Sonst kann er den Vorfall bei der Beschwerdestelle für Korruption auf der *government.bg*-Site melden.

Die bis zur politischen Wende und noch bis 2000 gefürchtete Unlust der Bedienung in der Gastronomie ist ebenso verschwunden wie die Willkür der Behörden, der ein Ausländer früher schon einmal ausgeliefert war, sei es bei der Einreise (Passfoto entspricht nicht dem aktuellen Aussehen, also Strafe zahlen, zurückreisen oder ein ausreichendes Trinkgeld anbieten), bei Visen oder deren Verlängerung etc. Heute ist auch in Bulgarien der Kunde König und der Servicegedanke hat Einzug in die Ämter gehalten. Der Reisende braucht auch keine Angst mehr zu haben, falls er einmal in einem Krankenhaus oder in einer Arztpraxis behandelt werden muss. Trotz der ebenfalls viel beklagten Abwanderung qualifizierter Akademiker verfügt Bulgarien noch immer über sehr gute Ärzte und ein flächendeckendes, gut sortiertes Apothekennetz.

Ebenfalls wichtig zu wissen für Reisende, die nicht per Charterflug nach Varna oder Burgas anreisen und ihre Zelte in den Kurorten am Meer aufschlagen, sondern ihre Rundreise durchs Land in der 1,5-Millionen-Hauptstadt Sofia beginnen wollen, die mit Billigfliegern ganzjährig preiswert zu erreichen ist: viele Hotels und Hostels nehmen keine überzogenen Hauptstadtpreise. Da Sofia keine überlaufene Metropole ist, findet auch der Last-Minute-Reisende immer einen Übernachtungsplatz. Von hier aus lässt sich mit dem Leihwagen, dem Zug oder dem gut ausgebauten Netz von Überlandbussen auch kurzfristig ein Ausflug ins Landesinnere zu den großen Klöstern oder Naturwundern wie den Felspyramiden von Belogradčik oder den Schluchten und tiefen Höhlenlabyrinthen des Trigradsko Ždrelo (Drei-Länder-Schlucht) organisieren, in denen der Sänger Orpheus einst in die Unterwelt zu Eurydike hinabgestiegen sein soll.

Die vielen Medienberichte über Bulgarien, in denen es immer wieder um Korruption, Organisierte Kriminalität, Armut, Naturkatastrophen und ethnische Konflikte geht, mögen viele davon abhalten, Bulgarien und seine Schätze kennenzulernen. Zwar beruhen diese Berichte meist auf Tatsachen, durch ihre prominente Platzierung verzerren sie aber das Gesamtbild.

Die politische Entwicklung ist in allen ehemaligen Ostblock-Staaten ähnlich verlaufen. Das Ende der totalitären Ein-Parteien-Regierungen ist in diesen Ländern aufgrund drohenden Staatsbankrotts mehr oder weniger überall mit Zustimmung der alten Führung »gemanagt« worden,– und was heute an Machtkämpfen, auf viele Parteien und einige kriminelle Vereinigungen verteilt, zutage tritt, ist nur das, was früher *innerparteiliche* Machtkämpfe waren.

Bulgarien ist – das darf ich nach fünfzehn Jahren Lebens dort vielleicht sagen – ein erstaunlich sicheres Reiseland. Bis auf die vielerorts sichtbare Armut ist kaum eine der genannten Erscheinungen im Alltag spürbar oder schlägt gar in Form von Betrugsgefahr auf den Reisenden durch. Auch das Gerede vom *Balkanschlendrian*, das mal orientalischer Trägheit, mal dem Frust der Bulgaren aus der Zeit der kommunistischen Mängelwirtschaft zugeschrieben wird, stimmt heute so nicht mehr. Bulgaren legen – bis auf die üblichen Schlitzohren, die es überall gibt – viel Wert auf Korrektheit, sind zumeist hilfsbereit und keineswegs »orientalisch träge«. Das trifft übrigens auch auf die bulgarischen Türken zu, die für ihren Fleiß und ihre handwerklichen Fähigkeiten bekannt sind.

Gemessen daran, dass es für Bulgarien nie einen Solidaritätszuschlag gegeben hat, und es den Übergang aus der staatlichen Zentralverwaltungswirtschaft, ihrem bürokratischen Wasserkopf, den überdimensionierten Industriekombinaten ohne jede Hilfe bewerkstelligen musste und die Privatisierung eine unfassbare Schacherei war, steht das Land wirtschaftlich gar nicht so schlecht da. Wachstumsbremse ist das fehlende Investitionskapital. Es gibt nur wenige Branchen, in denen gute Löhne und Gehälter gezahlt werden. Viele Stellen werden immer noch durch Beziehungen an Verwandte und Freunde vergeben, nicht an die Bestqualifizierten, und so ist die Zahl derer, die im Ausland ihr Glück versuchen und Geld nach Hause schicken, noch immer sehr hoch.

Das Wissen darum, dass man Bereitschaft zeigen muss, ins Ausland zu gehen, hat dafür gesorgt, dass heute die meisten Bulgaren bis zum Alter von fünfzig Jahren sehr gut Englisch sprechen, einige auch Deutsch. In der Regel sorgt die gute Meinung, die Bulgaren von Deutschland haben, auch dafür, dass man als Deutscher problemlos mit ihnen ins Gespräch kommt und mit vielen Vorschusslorbeeren bedacht wird, denen man meist gar nicht entspricht.

Wegen ihrer bitteren politischen Geschichte reagieren Bulgaren auf kritische Pauschalurteile – wozu viele Deutsche leider neigen, wie ich immer wieder erlebe – oft empfindlich. Da aber wohl kaum jemand über Bulgarien so gut *Bescheid weiß,* dass er mit Grund *Bescheid geben* könnte, lautet meine Empfehlung an dieser Stelle: Neugierig sein und viel fragen, aber zurückhaltend beim Antworten sein. Man fährt doch nicht in ein fremdes Land, um recht zu behalten, sondern um bereichert heimzukehren. Oder?

Bulgaren wollen zivilisierte Bürger Europas sein, und gibt man ihnen die Chance, es zu zeigen, sind sie es auch. Die Mühen und akuten Existenzbedrohungen des Übergangs waren für viele schwierig. Dennoch sind sie noch immer ein gastfreundliches Volk und vermitteln einem das

Gefühl, es nicht eilig, sondern Zeit zu haben für den interessierten Gast aus dem bewunderten Deutschland – ein Bonus, den man mit etwas Charme nutzen kann, um viel Hilfe, Informationen und Tipps zu erhalten oder einfach unterhaltsame Anekdoten zu hören, die für das Erzählen nach der Reise oft wertvoller sind als die typischen Souvenirs von der Trachtenpuppe über den bemalten Steingutteller bis zum duftenden Rosenölparfüm. Denn nichts ist betörender als der Duft einer guten Erinnerung.

»Der letzte Fahrgast«

Abb. Seite 19:
Haltestelle in Sofia, Boulevard Konstantin Veličkov

Spaß oder Kunstwerk?
Gelöteter Katalysator, bemalt.
Gesehen im Jahre 2002, nachts.

Meridiane des Fettnäpfchens
Eine »bilaterale« Sensibilisierungsübung

1999 wurde Bulgarien in den Status eines EU-Beitrittskandidaten erhoben, das Monitoring der Brüsseler Kommission begann, die deutschen Medien zeigten stärkeres Interesse. Als ich kurz darauf nach Bulgarien ging, wurden daher noch Berichterstatter gesucht, die das politische und gesellschaftliche Geschehen vor Ort verfolgten und kritisch unterschieden zwischen *behaupteten* und *realen* Fortschritten im Übergang vom totalitären Ein-Parteien-Staat zur demokratisch verfassten, pluralistischen Zivilgesellschaft. So kam es, dass einige Redaktionen mir eine Chance gaben.

Bald machte ich die Entdeckung, dass auch im Westen oft Sachgründe vorgeschoben werden, um ideologische Voreingenommenheiten der Wahrnehmung zu kaschieren, die dem oder der Betreffenden manchmal gar nicht bewusst sind. Es dauerte nicht lang, und meine Beobachtungen und Erkundigungen aus erster Hand wichen immer mehr ab von dem Bild, das Deutsche von Bulgarien hatten.* Dies führte mich zu der Formulierung: *Kritik besteht nicht nur darin, über bekannte Missstände zu berichten, sondern auch über unbekannte Zustände, selbst wenn sie in Ordnung sind.*

Als ich etwa in einem Artikel für eine deutschlandweit erscheinende Zeitung von den Fortschritten berichtete, die Bulgarien im Hinblick auf den nahenden EU-Beitritt machte, wurde ich aufgefordert, hierfür Belege zu liefern. Der

---

* Über den umgekehrten Fall, die Vorurteile von Bulgaren über Deutschland und die Deutschen, habe ich im Aufsatz *Als Deutscher in Bulgarien* geschrieben, der jetzt die Neuausgabe meines Buches *Die beiden Hälften der Walnuss* beschließt. Im selben Buch, im Kapitel *Verneigung vor dem Säbel*, stehen weitere skurrile Beispiele für Vorurteilsblindheiten.

Artikel wurde nicht gedruckt. Komisch, als ich über die Mafia geschrieben hatte, war ich nicht zu Belegen aufgefordert worden, und der Artikel erschien sofort. So ging es immer, wenn ich, statt das Gewünschte zu liefern, Vergleiche anstellte, die zeigten, dass die bulgarischen Verhältnisse nicht *mehr* im Argen lagen als in vielen westeuropäischen Ländern auch.

Oft machten die Redaktionen meine Versuche, wenn schon nicht zustimmend, so doch wenigstens ausgewogen zu berichten, durch simple Änderung des Titels zunichte. Ich fand beispielsweise die Einrichtung eines Museums für sozialistische Kunst in Sofia gut, da nur so heutige Schulklassen sehen können, wie Kunst und Propaganda in Diktaturen konvergieren. Die Redaktion setzte über meinen Artikel, den ich augenzwinkernd *Sponsoren in Schwarz* genannt hatte, weil ich darin auch Beispiele für den Transfer von Schwarzgeldern in die Kultur beschrieb, den Titelzug *Muskelpakete mit Dorfvisagen!* So wurde einem Text, der bloß Zustände benannte und stellenweise satirisch war, das arrogante Urteil untergeschoben, dass die politischen Eliten in Bulgarien immer noch so beschränkt (und beschränkend) waren wie eh und je.

Dies sind nur zwei Fälle, wo »gut informierte« Deutsche im Vollgefühl ihres Glaubens, kritisch-liberal zu sein, den Versuch objektiver Berichterstattung durch Vorurteile zunichte machten, die nicht weniger dumm waren als das, was sie für dumm erklärten.

Als Übersetzer machte ich die Erfahrung, dass es noch ein weiteres Klischee gab, das nicht nur für Bulgarien, sondern für den gesamten Balkan galt: Solange sich Autoren daran hielten, das Bild vom vitalistischen Menschenschlag zu zeichnen, der seine Lebendigkeit zur Strafe mit großen Amplituden zwischen Glück und Tragik bezahlt, von denen dann weise Großmütter oder Großväter in lakonisch-liebevollen Sätzen ihren Enkeln (den Autoren) Märchen erzählen, war alles klar. Gestattet waren auch Schilderungen dunkler Balkansubjekte, die im gleißenden Neonlicht europäischer Metropolen ihre Rückständigkeit erkannten. Was jedoch weniger ging, das war, wenn die Darstellung europäischer Förm- oder Höflichkeit im Spiegel der Kleinstadtschickerla eines Donaustädtchens nicht nur diese, sondern auch ihre westlichen Idole ein wenig lächerlich erscheinen ließ. Die Marketing-Abteilungen der Verlage wollten nicht glauben, dass genug Leser neugierig darauf sein könnten, wie sie selbst von außen, im Spiegel einer technologisch oder zivilisatorisch weniger entwickelten Peripherie aussahen.

Ebensowenig ging eine andere Umkehr der Perspektiven: nämlich nicht Bulgarien als Teil der großen europäischen Geschichte zu zeigen, sondern Europa als Teil der bulgarischen Geschichte. Der betreffende Roman, den ich einem Verlag für historische Romane anbot, wurde abgelehnt mit der Begründung, es sei zu viel Geschichte drin. Skurril! Aber wo einer sich keines Mangels, keiner Voreingenommenheit bewusst ist, geht Kritik ins Leere. Es ist ja auch eine Frage der Machtposition, ob jemand etwas eingestehen muss oder nicht.

Viele Bulgaren, die vor 1990 im Westen Zuflucht fanden, spürten die allgemeine Geringschätzung ihrer Heimat und neigten dazu, zum Zeichen ihrer gelungenen Integration und aus Angst davor, nicht anerkannt zu werden, sich abzugrenzen und auf die eigene Heimat zu schimpfen. An Stoff mangelte es da ja auch nie!*

Minderwertigkeitsgefühle, wie Bulgaren sie sich oft selbst bescheinigen, sind das nicht. Wer sie nämlich in Bulgarien beobachtet, der kann feststellen, dass sie ein immenses

* Deutsche mit Nachkriegs-Schuldkomplex machen es ja genauso, wenn sie Frankreich oder Italien verherrlichen: Indem sie die Kultur dieser romanischen Länder loben, gehören sie quasi selbst dazu und sind nicht mehr so »dumpfdeutsch« wie wir anderen.

Selbstbewusstsein und eine hohe Selbsteinschätzung haben. Das Gefühl der Minderwertigkeit tritt erst auf, wenn sie mit dem westlichen Wohlstand konfrontiert sind. Da erkennen sie, dass sie im Grunde genau so sind wie die Westeuropäer, und auch dasselbe erstreben, durch ein ungünstiges Schicksal aber auf dem falschen Längengrad zur Welt gekommen sind. Die Quadratur der Ironie dieses Schicksals erfolgt dann, wenn ein solcher Bulgare die Möglichkeit hat, im Westen zu leben und zu arbeiten; denn nachdem er so lange gejammert hat, was aus ihm geworden wäre, hätte man ihm nur die Möglichkeit gegeben, muss er nun »liefern«, sprich: den Beweis antreten, dass seine Selbsteinschätzung realistisch war. So haben wir, um noch etwas bei der »Quadratironie« zu bleiben, unter den Auslandsbulgaren einige, die mangels Erfolg wirklich Minderwertigkeitsgefühle bekommen, aber *vor den eigenen Landsleuten!* Andere, die »es geschafft haben«, müssen es nun auch vorzeigen, etwa durch großzügige Einladungen. Großzügig genug ist eine Einladung dann, wenn es nachher neidische Gespräche gibt. Man erkennt den Neid, den Bulgaren übrigens selbst für ihre größte Schwäche halten, daran, dass er sich als kritischen Kommentar einer typisch neureichen Geschmacklosigkeit ausgibt, die man am Gastgeber leider habe feststellen müssen – etwa dem Prahlen, wie teuer der Whisky war, den er ausschenkt: »Da merkt man doch gleich den Hühnerhof (Synonym für das hinterwäldlerische Dorf, Anm. T. F.), aus dem er/sie kommt!«

Angesichts dieses ganzen haarsträubenden Zeugs in unseren Köpfen fragte ich mich nach einigen Jahren in Bulgarien, wer eigentlich den Mythos in die Welt gesetzt hat, Kommunikation diene der Verständigung (von Verständnis ganz zu schweigen)?

Bildungsbürgersprüche, mit denen ich großwurde, las ich nun mit wachsender Skepsis. Einer davon, der für meine Arbeit – oder sagen wir besser: die Wendung, die sie nehmen sollte – immer wichtiger, da ärgerlicher wurde, war der Spruch, den ein Verlag für Kulturreiseführer zum Slogan erhoben hatte: »Man sieht nur, was man weiß.«

Der Satz stammt von Goethe! Der Originalwortlaut* enthält aber zwei entscheidende Abweichungen: »Man erblickt nur, was man *schon* weiß *und versteht.*« Wies Goethe also warnend auf unüberwindliche Begrenzungen und Abhängigkeiten der menschlichen Wahrnehmung und ihrer kognitiven Verarbeitung hin, vermittelt der Reiseführer-Slogan, man müsse nur Wissen durch die richtigen Bücher erwerben, und schon bemerke man alles.

Das mag auf einer platten Ebene stimmen: Das Kulturdenkmal steht tatsächlich da, wo der Reiseführer behauptet. Doch schon beim Aufzählen, was daran so bedeutungsvoll sei, wird es schwierig. Wie erst bei der menschlichen Interaktion? In Bulgarien wimmelt es ja nur so vor Üblichkeiten, die man als tumber Teutone überhaupt nicht »auf dem Zettel« hat. Da macht einer zum Beispiel eine *höfliche Andeutung*. Weil es eine *Andeutung* ist, identifiziere ich sie nicht, weil ich an Explizites gewöhnt bin, und weil mein Gegenüber *höflich* ist, erklärt er sie mir natürlich auch nicht. Es gibt viele appellative Floskeln, die eher zur *nonverbalen* Kommunikation gehören, weil sie nicht direkt etwas sagen, sondern auf etwas verweisen und es so dem Gegenüber überlassen, darauf einzugehen oder nicht. Auf keinen Fall darf man sie wörtlich nehmen, wozu man als Deutscher mit lutherischem Hintergrund aber erzogen ist. Zwei Beispiele vom Esstisch, der unbestrittenen Hauptstadt im Reich der Fettnäpfchen.

Einmal aß ich bei einem Freund zu Abend. Es gab nach dem üblichen Salat mit Schnaps einen dicken Eintopf mit Lammfleisch, Kartoffeln, Zwiebeln und ein paar Gewürzen drin, die verführerisch dufteten. Ich war noch jung, ich

* aus: Goethe, Gespräche. Gesellschaft bei Goethe, 24. April 1819.

aß reichlich. Plötzlich schaute mein Gastgeber mich besorgt an und sagte: »Da ist auch Brot!« Ich wunderte mich, dass er seinen Satz *so* betonte, als hätte ich den Brotkorb nicht gesehen. Ich antwortete, seinen Hinweis »typisch deutsch«, also buchstäblich deutend: »Nein, danke!« Betretenes Schweigen. Es arbeitete sichtlich in ihm. Dann wollte er es doch wissen und fragte – nun schon mit Nachdruck: »Isst du denn kein Brot?« Ich schaute ihn verwirrt an: »In der Lamm-Jachniya sind doch Kartoffeln!« Die schiefen Augenbrauen meines Gegenübers verrieten, dass die Bedeutungsmenge dieses Satzes für ihn leer war. Also tunkte er etwas von seiner Bedeutungsmenge hinein und fragte: »Wie willst du denn dann satt werden?« Er selbst hatte seit Beginn unseres kleinen Frage-Antwort-Spiels mit gesundem Appetit drei dicke Brotscheiben verschlungen, deren Enden er häufig erst in den Sud des Eintopfs tunkte, bevor er sie zum Munde führte. Erst viel später lernte ich, dass das Mengenverhältnis zwischen verzehrtem Brot und gegessenem Eintopf nicht zufällig war: *In Bulgarien ist Brot das Grundnahrungsmittel!* Das Essen? Das ist nur für den Geschmack da! Daher auch die Frage meines Gastgebers, wie ich denn satt werden wolle von dem, was für ihn nur Geschmacksbeilage, für mich aber Hauptgericht war. Es wurde Zeit, ihm zu antworten, denn er hatte mit dem Essen aufgehört und glotzte mich nur verständnislos an. »In Deutschland, weißt du, sind die Kartoffeln das Brot!« Seine Sprachlosigkeit bündelte sich in dem Laut: »Ach!« Darin enthalten: »Ihr Deutschen müsst ein sehr reiches Volk sein, wenn ihr von einem Eintopf so viel essen könnt, dass ihr ohne Brot satt werdet!« Ich hatte auch hier das genaue Gegenteil gelernt und sagte: »Im alten Preußen, weißt du, mit seinen armen, sandigen Böden, wuchs kein gutes Getreide. Da hat die eingeführte Kartoffel das bitterarme Volk einst vor der Hungersnot gerettet.«

Des einen Reichtum, des andern Armut ...

So sprechend dies Beispiel auch ist, man sollte daraus keine voreiligen Schlüsse ziehen. Festhalten lässt sich im Grunde nur, dass unterschiedliche Bodenwertzahlen unterschiedliche Essgewohnheiten zur Folge haben. Doch da wir keine Bauern mehr sind, sondern Städter, kommen wir leicht in Gefahr, dem *Wesen* »des« Bulgaren zuzuschreiben, was bloß eine Folge anderer Lebensbedingungen ist.

Eine weitere Facette des verbal-/nonverbalen Spiels ist die Aufforderung, doch hiervon noch zu nehmen und davon unbedingt noch zu kosten. Auch das verstand ich wörtlich. Meine Eltern haben den Krieg noch erlebt, den Hunger. Ich habe also beigebracht bekommen: 1. Gegessen wird, was auf den Tisch kommt. 2. Was auf den Teller kommt, wird aufgegessen. 3. Wenn nicht alles verzehrt wird, was da ist, gibt es morgen kein schönes Wetter! *Das sind die Prämissen, die sich mit mir an den Tisch setzen* – auch in Bulgarien. Nun stelle man sich bitte vor, in welche Verzweiflung mein Verzehrfundamentalismus den armen Bulgaren stürzt, der mich eingeladen hat?! Die Bitten, hiervon noch zu nehmen und davon unbedingt noch zu kosten, äußert er in der Gewissheit, dass der gut bulgarisch erzogene Gast mindestens drei Mal ablehnt, bevor er dann wenigstens noch *etwas* nimmt. Auf diese Weise kann er demonstrieren, dass er zu Ehren des Gastes alles aufgefahren hat, was Haus und Keller zu bieten haben, und der Gast erspart ihm mit wohlbemessenem Verzehr die Schande, dass es nicht genug gewesen sein könnte. »Wenn nichts übrig bleibt, dann war es nicht genug«, lautet ein bulgarisches Sprichwort. Ja, gut – nur jetzt komme ich und folge aus Wohlerzogenheit jeder Aufforderung,– ohne jenes höfliche Geplänkel, das auch dem Feilschen auf Basaren zugrunde liegt und keine Gerissenheit, sondern Anerkennung des Gegenübers ausdrückt. Am Ende bleibt – o Graus! – nichts übrig, weder von den Köstlichkeiten auf dem Tisch, noch von der freudigen Röte im Gesicht meines Gastgebers ...

Nun kann man ja, wie meine Warnung vor dem Essentialismus zeigen sollte, vieles überinterpretieren. Aber das pauschale Zurückführen aller Einzelerscheinungen auf ein angeblich allgemeines Wesensmerkmal der Menschen einer bestimmten Kultur, das ist kein Kulturrelativismus, das ist einfach nur eine Unterstellung.

Die geschilderten Missverständnisse haben viel damit zu tun, dass ich protestantisch-lutherisch erzogen bin, also im Geiste von Luthers Ablehnung aller Exegese. Luthers religiöse Revolution bestand ja darin, dass er das in der frühchristlichen Zeit von Origenes (185-254) und Augustinus (354-430) entwickelte System zur Deutung der Heiligen Schriften ablehnte als pompöses Bühnenbild aus Pappmaché, in dem die einfachen Herzensbotschaften der biblischen Autoren untergingen.

Diesem Auslegungssystem lag das antike Schema zugrunde, demzufolge der Mensch aus Körper, Seele und Geist besteht. Als vierte, übermenschliche Ebene kommt Gott hinzu. So hatte jeder vom Glauben inspirierte Text einen *Körper* – das war die *buchstäbliche* Bedeutung, die die historischen Tatsachen benannte. Der allegorische Schriftsinn (Seele) bezeichnete, was man zu glauben hatte. Der moralische Sinn (Geist) verwies auf das gebotene rechte Handeln. Die anagogische (»hinführende«), *heilsgeschichtliche* Bedeutungsebene beschwor die erlöste Wirklichkeit am Ende der irdischen Tage, in deren Licht allein die Schrift ihren heiligen Sinn den Sterblichen enthüllte.

In Bulgarien nun, wo es eine Reformation im lutherischen Sinn nicht gegeben hat, hat sich über Byzanz und die Orthodoxie der symbolische Umgang mit Sprache und Zeichen erhalten. Es spielt für Bulgaren, mit denen wir am Tisch sitzen, keine Rolle, ob sie dies theoretisch wissen oder nicht, denn für sie ist es einfach die kulturelle Praxis, in der sie groß wurden. Na, Mahlzeit!

Kein Porzellan, aber Tongeschirr zum Zerschlagen

Völkermissverständigung
Eine deutsch-bulgarische Farce

Die örtliche Tageszeitung hatte mich zu dieser Vernissage geschickt. Den Namen der Künstlerin – nie gehört. Von wo waren die noch mal, diese Slaven, deren Namen auf *-ev* und *-ov* endete? Die meisten waren ja Russen, aber nicht alle. Na, seit Europa nicht mehr geteilt und Kunst nur noch global oder gar nicht mehr wichtig war, sollte das keine Rolle spielen für den Inhalt der mickrigen fünfzig Zeilen plus Foto, die die Redaktion mir gegeben hatte. Immerhin: Dieser Artikel sollte mein erster im »richtigen« Feuilleton werden! Nach einem Jahr der Bewährung in der Lokalberichterstattung war das ein Wink von oben. Wenn ich meine Sache gut machte, konnte das der erste Schritt sein auf dem steinigen Pfad vom Freelancer zum Redakteur.

Das Museum lag im Hinterhof eines Häuserblocks im ältesten Gewerbegebiet der Stadt. Die Trennmauern waren entfernt worden, um Weite für den Ausstellungsraum zu gewinnen. Das war auch gelungen. Doch nun fiel einem die bedrückend niedrige Raumhöhe auf.

Die Bürgermeisterin sagte in ihrer Begrüßungsrede, die Zumutung einer Kunst, die Grenzen überschreite, führe uns die Dringlichkeit vor Augen, Möglichkeiten von Begegnung über das Trennende hinweg zu suchen. Mit Mühe gelang es ihr, den Namen der Künstlerin, Kremena Tenedjíeva-Günther, vollständig auszusprechen und ihr dabei sogar noch wohlwollend zuzunicken.

Diese gab das Nicken ans Publikum weiter, um zu zeigen, dass sie anwesend war. Sie war klein und zierlich, hatte braunes, schräg hinten zu einem Dutt zusammengestecktes Haar und trug ein Folklorekleid, das in der Art eines Brustblattes grellbunte, aus Wolle aufwändig gestickte Muster zeigte.

Als die Bürgermeisterin von dem toten Winkel sprach, in dem »Länder wie Rumänien« in unserer Wahrnehmung oft lägen, zuckte die Künstlerin kurz zusammen, fing sich, zwinkerte mit beiden Augen ins Publikum, als wolle sie es beruhigen, und korrigierte dann: »Bulgarien, Frau Rüthekoven, Länder wie Bulgarien.«

Die Frage des Herkunftslandes war also geklärt. Hatte das eigentlich nicht in der Pressemitteilung gestanden? Man hatte mir nur mündlich Termin, Ort und Titel der Ausstellung genannt und eingeschärft: »Mach das ordentlich, der Kulturdezernent hat an der Sache mitgebastelt.« Ich notierte: *Bulgarien.*

Die Bürgermeisterin ließ sich diesen famosen Anlass, ihren Humor unter Beweis zu stellen, nicht entgehen: »Da sehen Sie, meine sehr verehrten Damen und Herren, dass ich eben *nicht* zur Übertreibung neige, wie die Opposition mir gern unterstellt: Der Winkel ist wirklich tot!«

Gemischtes Lachen im Saal.

In der Künstlerin arbeitete es sichtlich. Sie schien die Waage zwischen Selbstbeherrschung und Missfallensbekundung zu suchen. Schließlich sagte sie spitz:

»Der Winkel vielleicht, Frau Bürgermeisterin, aber das Land dahinter nicht, geschweige denn die Bevölkerung! Sehen Sie nur mich an …«

Durch ihren Akzent, das slavisch gerollte *R* und die etwas gedehnt ausgesprochenen Vokale kam die Pointe richtig gut raus.

Befreites Lachen im Saal.

Die Museumsleiterin hakte schlau ein und machte ironische Bemerkungen: Bei einem so ungewöhnlich hohen Publikumszustrom, der nicht wenige Männer mitgerissen habe, laufe die angestrebte Begegnung Gefahr, gleich in Körperkontakt überzugehen, wodurch die Kultur des respektvollen Umgangs besonders gefordert sei.

»Erlaubt ist nur, was beide Seiten wollen«, wagte ein Scherzbold leise aus der Menge zu rufen.

Murmelndes Lachen und Gemurmel ohne Lachen im Saal. Köpfe verrenkten sich nach dem Unhold, der zu solchen Niveaulosigkeiten fähig war.

Die Kunsthistorikerin von der örtlichen Uni führte zum Ernst zurück. Eine Kunst wie die Kremena Tenekedjievas sprenge die polierten Oberflächen aus Stahl, Glas und Lack, die die heutige Zeit prägten, und schlage durch die Verwendung von verstörenden Zeichen wie Tierschädeln Breschen in die Tiefe des Archaischen.

Klingt zwar nicht neu, ist aber zitierfähig, dachte ich. Vier geschenkte Zeilen. Mit den Namen und Worten der beiden Vorrednerinnen zirka fünfzehn Zeilen, um die ich mir keine Gedanken mehr zu machen brauchte. Wenn jetzt noch, nach meinem Rundgang durch die Ausstellung, die Künstlerin ein paar brauchbare Sätze absonderte, hatte ich meinen Artikel fast schon im Sack.

Die Leute zerstreuten sich, die Besichtigung der Ausstellung begann. Diese Bulgarin hatte sich wirklich Mühe gegeben, der Bürgermeisterinnen-Floskel von der Zumutung der Kunst Inhalt zu verleihen. Ich sah bizarre Skulpturen aus Lammschädeln, die in glasierten, mit wilden Wellenmustern bemalten Römertöpfen postiert waren. Die Deckel waren mal auf den Schädel geschraubt, mal waren sie angelehnt oder lagen daneben. Sie standen auf schwarz lackierten Sockeln in Form kyrillischer Schriftzeichen und kommunizierten mit den direkt auf die Wand gekritzelten Texten und Zeichnungen. Die Zeichnungen nahmen etwas von der betreffenden Skulptur auf, die Begleittexte, die in einer großzügigen, leicht fahrigen Handschrift mit schönen Ober- und Unterlängen auf die Wand gebracht waren, konnte ich nicht entziffern.

Auf einmal stand die Künstlerin neben mir. Sie hatte blitzende kleine Wolfsaugen, deren Grün schwer zu bestimmen war.

»Sie lesen so intensiv die Schrift an der Wand. Können Sie Bulgarisch?«

»Nein, ich bin von der Zeitung.«

Sie lachte schallend.

»Habe ich einen Witz gemacht?«

»Die Deutschen und der Humor! Man muss sie überrumpeln, damit er ihnen *unterläuft*. Sonst erzählen sie tatsächlich nur Witze.«

»Darf ich Ihnen ein paar Fragen stellen, Frau Tenekieva?«

»Tenekedjieva.«

»Ja, genau.«

»Kennen Sie denn den Goethe nicht?«

»Was von Goethe genau?«

»Goethe hat gesagt: Bilde, Künstler, rede nicht«, antwortete sie. »Schauen Sie sich um! Was ich sagen wollte, habe ich hier gesagt. Wer Augen hat . . . «

»Das habe ich ... habe ich das nicht schon ...«

»War das jetzt eine Antwortfrage oder eine Fragenantwort?«

»Gut, gut«, zog ich mich auf die Position des seriösen Reporters zurück, »vielleicht haben Sie recht: Ich kann ja nicht die Künstlerin fragen, wie sie ihre Sachen findet. Ich schau mich dann halt noch mal um – falls die Vernissage-Gäste mir nicht alles weggeguckt haben ...«

»Die haben wohl eher alles weg*gefuttert* «, sagte sie und wies mit der Spitze ihrer Adlernase auf einen Tisch, der, während die Begrüßungsreden und Ansprachen liefen, noch reich mit bulgarischen Spezialitäten gefüllt gewesen war. Jetzt sah er aus wie ein Schlachtfeld.

»Ja, *dazu* wäre ich heute Abend sowieso nicht mehr gekommen«, zuckte ich die Schultern, »ich muss in spätestens einer halben Stunde am Computer sitzen, sonst krieg ich meinen Text nicht bis Redaktionsschluss fertig. Sie haben nämlich Glück, Sie kommen in die Wochenend-Ausgabe.«

»Machen Sie sich keine Sorgen ... Wenn Sie keinen Blödsinn schreiben, lade ich Sie mal ein, da können Sie das bulgarische Essen in aller Ruhe nachholen. Hier haben Sie meine Karte. Rufen Sie mich an, wenn der Artikel erschienen ist.«

»Haben Sie die Zeitung denn nicht ...«

Aber die Künstlerin hatte sich schon abgewandt und lief auf den Kulturdezernenten zu, der mit Verspätung soeben eingetroffen war.

Eine Woche später lag eine Einladungskarte in meinem Briefkasten. Das Motiv auf der Klappkarte kam mir bekannt vor. Drinnen waren rechts unten ein weiblicher Doppelname, eine Adresse und eine Telefonnummer abgedruckt. Darüber stand in einer großzügigen, leicht fahrigen Handschrift: »Da Sie den Blödsinn durch kluge Beschränkung aufs Beschreiben vermieden und ihn ansonsten nur zitiert haben, lade ich Sie hiermit für den … um … Uhr zum bulgarischen Abendessen ein.«

An dem Abend regnete es. Ich musste trotzdem das Fahrrad nehmen. Der Preis für ein Taxi hatte den Gegenwert eines kleineren Artikels im Lokalteil. Das ging gar nicht! Mit dem Bus würde ich durch das Umsteigen noch länger brauchen, und je nach Verlauf des Abends käme ich schwer zurück. Beim Überstreifen der Regenschutzkluft befiel mich jene gefährliche Unlust, die bei mir immer den Boden bereitete für flapsig-freches Auftreten. Ich biss die Zähne zusammen: Alexander – eine kostenlose Mahlzeit, wo kriegst du Pfeife die sonst schon?

Ich hatte den Klingelknopf mit der Aufschrift *Tenekedjieva-Günther* noch nicht losgelassen, da flog auch schon die Tür auf.

»Immer hereinspaziert«, flog die Einladung der Gastgeberin gleich mit. Sie trug dasselbe Trachtenkleid wie bei der Vernissage. Ihre braunen Haare waren zu Zöpfen geflochten und dann zu Schnecken aufgedreht. Das wirkte, als sei sie einem Heimatfilm der deutschen Nachkriegszeit entsprungen. Sie war aber keinem deutschen Heimatfilm entsprungen, sondern dem sozialistischen Bulgarien, weil sie glaubte, nur in Westdeutschland frei ihre Auffassungen von einer Kunst zwischen Malerei, Skulptur und Installation realisieren zu können.

Ich hielt ihr die Hand hin. »Hallo, Frau Tenedjieva.«

»Oh nein, nicht so«, antwortete sie.

»Habe ich Ihren Namen schon wieder falsch … «

»Das auch«, lachte sie, »aber man reicht sich nicht über der Schwelle zu einem Heim die Hände. Dann gelangen böse Geister ins Haus und stiften Unfrieden.«

»Entschuldigen Sie, aber auf so etwas achtet hier bei uns kein Mensch.«

»Und was ist mit Heinrich Heine?«

»Was hat der denn jetzt damit zu tun?«

»Der hat darauf geachtet. Oder sind jüdische Dichter in Deutschland immer noch keine Menschen?«

»Im Prinzip ...«

»Nein, ohne Prinzip! Lesen Sie mal *Die Harzreise.* In der finden Sie allerlei Geister – Poltergeister zum Beispiel.«

»Ach, da gibt's doch diese Hollywood-Filme?«

»Ja, heute denkt jeder, der ganze Spuk sei eine Erfindung Hollywoods. Dabei kommen die Poltergeister ...«

»... aus dem Harz?«

»Na also, Herr Falk, es geht doch! Das waren schon gute Ansätze zu bulgarischem Humor.«

Ich stand noch auf der Schwelle und hatte schon das Gefühl, schwer gearbeitet zu haben.

Von rechts, durch die angelehnte Tür mit der Milchglasscheibe, rief eine sonore Männerstimme: »Duuurchzug!«

Die Gastgeberin hob den Zeigefinger.

»Sehen Sie, da sind die Geister schon, Herr Falk.«

Als ich hinter ihr den großen Wohnraum betrat, schaute ich auf einen langen Tisch, um den herum bereits sieben Personen saßen. Ich schaute frontal auf einen eisgrauen Bart. Da der Mund, den er umrahmte, sich tönend bewegte, schaltete ich, dass dies der Mann war, dem der Durchzug zu schaffen gemacht hatte. Sein Mund war, wenn er eine Sprechpause machte, so seltsam geschürzt, als ahme er die runden Gläser seiner Nickelbrille nach. Er schien aber nur nach einer Zigarette zu schmachten, denn seine Hände umspielten halb ruhig, halb nervös ein rotes Softpack mit einer filterlosen Marke und schoben es auf ein paar Blättern Schreibmaschinenpapier hin und her.

»Das also ist des Pudels begossener Kern«, sagte eine achte, aufrecht stehende Person mit grauen Schläfen und Hamsterbacken, die mit einer Flasche Rotwein auf meine regennasse Gestalt zeigte.

»Trotz Wind und Regens kam ich gern«, retournierte ich im Reflex.

»Ah, ein Poet, ein Poet«, sagte der sonore Raucher mit der Nickelbrille, als beriete er sich in dieser Frage noch.

»Aber außer Dienst«, wiegelte ich ab.

»*Ich* bin *immer* im Dienst ... der Muse«, antwortete der Mann, schmunzelte eisgrau und senkte seinen Blick zufrieden auf die spärlich bedruckten Blätter. »Ein Zyklus Sonette, ein Versuch der Kommunikatiooon mit den sphäääärischen Kunstobjekten der vereeehrten Frau Gastgeberin!«

»Ich bin nur von der Zeitung!«

»Ach, *Sie* sind das«, sah der Mann mit dem Rotwein auf, der sich daran gemacht hatte, die Gläser zu füllen.

»Richard, nicht den Rotwein – *den Rakija,* hab ich gesagt«, zischte die Gastgeberin ihm vertraulich zu.

»Du meinst den Schnaps, Schatz?«

»Bitte beleidige meinen Obstbrand nicht, Richard! Das ist ein ganz toller, doppelt gebrannter Slivova-Rakija aus Trojan. *Schnaps* nennen die Bulgaren nur billigen Fusel.«

Ein Herr mit schnarrender Stimme, der einem preußischen Landadligen glich, fragte: »Aber ihr sagt *da unten* doch nicht wirklich ›Schnaps‹, Kramena, nicht wahr, sondern habt dafür eine *bulgarische* Bezeichnung?«

Das war ja der Kulturdezernent! Doch ›Kramena‹ ließ nichts auf ihre schlecht beleumundete Heimat kommen.

»Im Gegenteil, seit deutsche Soldaten im Zweiten Weltkrieg bei uns zu Gast waren, bezeichnen wir alles, was nach ›Hauptsache Alkohol‹ schmeckt, als *Schnapps – mit zwei p!*«

Ein massiger Herr vom anderen Ende des Tisches, der mit seinen Ellenbogen die Tischplatte auf ihre Stabilität prüfte, fragte: »Jetzt wollen wir aber auch wissen, warum wir den Schnaps, Entschuldigung, den *Slivovitz* vor dem Essen bekommen und nicht nachher.«

»Die Antwort steht vor euch«, sagte Kremena und wies auf die mittelgroßen braunen Keramikteller, auf denen sich ein fein gehackter Salat türmte.

»Sieht aus wie griechischer Bauernsalat«, meldete sich ein graziles Persönchen mit dünnem, halblangen Blondhaar und gequältem Lächeln. Sie erntete beifälliges Kopfnicken, von der Gastgeberin aber nur einen stechenden Blick.

»Sag das bloß keinem Bulgaren, Eleonore! Denn das ist Schopska-Salata, ein nationales Heiligtum, seine Zubereitung ein Ritual und sein Verzehr eine Eucharistie!«

Wenn mich nicht alles täuschte, hielt die Künstlerin sich bei den Ehepaaren ein wenig zurück mit ihren Direktheiten. Vermutlich kauften die Sachen von ihr.

»Aber um deine Frage zu beantworten, Alfons: In Bulgarien trinken wir den Schnaps nie nach dem Essen, und auch nicht einfach so zum Bier, sondern immer vorher und mit etwas Essbarem dazu – meist einem Salat, wie er vor euch steht. Jeder bulgarische Gastgeber, der etwas auf sich hält, bietet Gästen seinen hauseigenen, selbstgebrannten Rakija an – das ist der bulgarische Individualismus.«

Ein Herr mit wildem Karl-Marx-Haar und flammenden Augen, der bereits vom Gedanken an den Rakija trunken zu sein schien, rief ungeduldig: »Na, denn Prost allerseits!«

»Vielleicht warten wir damit, bis Herr Falk sich auch an den Tisch gesetzt hat, Bernhard«, versuchte die Gastgeberin den Mann zu bändigen, dessen Trunkenheit vielleicht gar nicht vom Schnuppern am Rakija, sondern vom Anblick der Bulgarin herrührte.

»Ja, wenn das künstlerische Temperament einmal durchgeht«, stichelte Richard.

»Noch ein Kreativer?«, tat ich erstaunt, während ich mich zu Eleonore setzte, die keinen Tischnachbarn hatte.

»Bernhard ist ein Kollege«, sagte Tenekedjieva-Günther hellwach und aufmerksam, »ohne dessen Autorität ich hier wohl nie auf einen grünen Nenner gekommen wäre.«

»*Anti-*, Kremena, *Anti-*Autorität«, korrigierte Bernhard mit Verve.

»Take it easy, Bernie«, beschwichtigte der Sonett-Dichter ihn, »das ist eine Bulgaaarin. Für sie ist Autoritäääät etwas ganz anderes als für dich. – Es heißt übrigens nicht ›auf einen grünen *Nenner*‹, sondern ›auf einen grünen *Zweig* kommen‹, Kremena – aber das nur *by the way*.«

Angesteckt von Kremenas Aufmerksamkeit für jeden Gast, wandte ich mich der Dame neben mir zu.

»Sind Sie auch Bulgarin? Sie schweigen so ausländisch.«

»Und Sie reden so deutsch«, antwortete sie knapp und schenkte mir einen strafenden Blick aus großen Augen.

»Und was sind Sie jetzt?«, versuchte ich, mein Interesse nicht oberflächlich wirken zu lassen.

»Ich bin die Inhaberin des Verlages, bei dem dieser Herr« – sie wies mit dem Kinn knapp auf Richard – »ein editorisches Projekt betreut.«

Inzwischen hatte der Betreuer des editorischen Projekts sowie der bulgarischen Künstlerin schräg gegenüber Platz genommen. Diese kam mit einem in ein Handtuch eingeschlagenen Brot aus der Küche, legte es in den Bastkorb zwischen den beiden Kerzenleuchtern und griff – hinter ihrem Stuhl stehend – zu einem kleinen braunen Tongläschen, auf das dieselben wild geschwungenen Wellenlinien aufgemalt waren wie auf die Römertöpfe, die ich in der Ausstellung gesehen hatte, und die Teller vor uns.

»Also dann – *na zdrave,* oder auch: zum Wohl«, sagte sie.

Alle Anwesenden bemühten sich, »na zdrave« zu sagen.

»Wenn ihr das Gläschen leer habt«, scherzte die Gastgeberin, »bekommt ihr das weiche ›zzz‹ in ›na zdrave‹ sicher schon viel besser hin.«

»Es scheint, der deutsch geschulte Mund / liebt's eckighart statt weich und rund«, platzte es aus mir heraus.

»Ist das von Wilhelm Busch?«, fragte der Kulturdezernent so beflissen, als wolle er zeigen, dass er auch außerdienstlich mit der Kultur auf Duzfuß stand.

»Nein, von Alexander Falk«, sagte ich.

»Kenne ich gar nicht, diesen Autor«, wunderte er sich.

»Arbeitet hier bei der Zeitung«, antwortete ich.

Der Kulturdezernent schien kurz zu überlegen, ob ihn das interessieren müsse, erinnerte sich aber wohl an die Winzigkeit des Haushaltspostens für Literatur und wandte seine Aufmerksamkeit wieder der Künstlerin zu, die ihre Gäste gerade einlud, doch nun getrost mit dem Essen zu beginnen. »Und stellt euch vor, ihr braucht das Tellerchen nicht leer zu essen, wie ihr es gelernt habt, sondern nur so viel, wie ihr mögt.«

»Und wenn wir es trotzdem tun«, untermauerte Richard seinen Ruf als Charmeur, »weil es so lecker ist?«

»Immer diese deutsche Gründlichkeit«, schüttelte der massige Herr den Kopf.

Ja, dachte ich, interkultureller Dialog konnte unterhaltsam sein, wenn man ihn nicht ausschließlich Deutschen überließ.

Zwischen den Gängen bat die Gastgeberin den eisgrauen Dichter, seine Sonette vorzutragen, und zwischen den nächsten beiden Gängen den Künstler, auf dessen Gouache an der Wand sie zwanglos hinwies, auf dem Klavier zu improvisieren, damit er zeigen konnte, dass er Farbigkeit nicht eigentlich mit der Palette erzeugte, sondern mit seiner ganzen Art zu denken. Nach dem Dessert war sie selbst an der Reihe.

»Liebe Gäste, hergehört: Ein bulgarischer Abend ohne Singen und Tanzen, das geht gar nicht! Ich zeige euch jetzt ein paar bulgarische Volkstänze, und wenn ihr so richtig Feuer gefangen habt, probieren wir alle zusammen einen einfachen *Pravo Horo*. Das ist ein Reigentanz, den bei uns jeder kann. Ist selbst für Deutsche leicht zu erlernen.«

Sie ging zum CD-Spieler, wühlte eine CD aus einer Box, auf der vier Frauen in Trachten und bunten Kopftüchern abgebildet waren, legte sie ein und drückte auf den Start-Knopf.

Die Introduktion war heftig. Das Akkordeon führte. Eine heisere Geige fiedelte einen Rhythmus, bei dem man merkte, dass man etwas getrunken hatte. Die Klarinette beförderte einen auf die Achterbahn. Die nacheinander einsetzenden Stimmen erzeugten in einer um je einen Ton versetzten Einstimmigkeit eine Harmoniespannung, bei der einem das Blut ausflockte.

Die Gesichter der Gäste wirkten beunruhigt. Sie wussten, sie mussten das jetzt irgendwie gut finden, schon wegen des großartigen Essens, bei dem sie tatsächlich im Sinne interkultureller Verständigung etwas übrig gelassen hatten.

Die Gastgeberin hatte inzwischen die Arme in die Hüften gestemmt, schüttelte die Beine hektisch in einer schwer mitzuvollziehenden Schrittfolge, dann rief sie, begleitet von einem Armschwung, laut in die Runde: »Heee-hopp! Halt dich fest, Erde – ein Schope tritt dich!« Dabei stampfte sie nachdrücklich mit der Ferse auf; aber auf den dicken Teppichfliesen war nichts zu hören. Sie stutzte. Dann rief sie leidenschaftlich:

»Dieser Teppich, das ist doch kein Boden zum Tanzen! Ich brauche eine feste Unterlage, einen Holzboden ... «

Die Gesichter der Gäste sahen aus, als wollte es keiner gewesen sein. Ich war der Einzige, der nichts zu verlieren hatte, also ging ich hinaus in die Diele und entschied mich für die Badezimmertür. Ich hängte sie behutsam aus, kam mit ihr ins Wohnzimmer zurück und ließ sie langsam wie die Falltür einer Ritterburg vor der heftig atmenden Tänzerin zu Boden gleiten.

Diese sprang auf den gewünschten, wenn auch wegen der Klinke leicht schiefen Holzboden, wiederholte noch einmal, dass die Erde sich festhalten solle, weil ein Schope seine stampfenden Tanzschritte auf ihr vollführe, dann breitete sie die Arme aus, drehte sich zu Richard um und sagte:

»Siehst du, mein Herz, so behandelt man eine bulgarische Frau! Man fällt nicht mit der Tür ins Haus, sondern legt sie ihr zu Füßen!«

Der ganze Tisch brach in schallendes Gelächter aus.

»Hah, hah«, meinte Richard nur.

Da meldete sich auf einmal Eleonore.

»Wenn das so ist«, sagte sie, als das befreiende Gelächter verebbt war, »dann sind wir Frauen wohl alle ein bisschen Bulgarinnen.«

RGW-Porzellan »Made for Bulgaria«

Foto Seite 43:
Stand mit Tomaten und Paprika
Frauenmarkt, Sofia

Bulgarische Küche

Willst du gucken, geh zum Reichen.
Willst du essen, geh zum Armen!
(Bulgarisches Sprichwort)

Das Gerede von Nationalküchen ist ja Quatsch. Fast alles, von den verwendeten Produkten über die Grundrezepte bis hin zu den Zubereitungsweisen hat in der Regel nicht dort das Licht der Welt erblickt, wo es verwendet wird. Bekanntestes Beispiel: die italienische Pasta, die aus China stammt. Aber auch sonst sind ja fast alle Gemüse, die wir heute essen, wie Tomaten, Paprika, Kartoffeln etc., aus Mittel- und Südamerika – oder aus Asien, wie der Kohl. Im Falle Bulgariens hat eindeutig die orientalische Küche, wie in allen Ländern Südosteuropas, Pate gestanden, weil die Osmanen über Jahrhunderte den Balkanraum beherrschten. Oder hat sich die türkische Küche vielleicht aus der griechischen entwickelt? Hatten doch die Griechen schon im 8. Jahrhundert v. Chr. Mittelmeer, Schwarzmeerküste und Kleinasien besiedelt, 2000 Jahre vor den Reitervölkern, die, aus dem Osten gekommen, von Osman I. in seinem 1299 gegründeten Reich vereinigt wurden. Für diese lohnte sich die Einrichtung einer Küche doch erst mit der Sesshaftwerdung?

Spielt alles keine Rolle. Kultur ist ja nicht *Herkommen* – das wäre Tradition. Kultur ist *Hinkommen*, meint also, was jemand aus Ererbtem oder Übernommenem macht! Und so können wir doch eine Menge Eigentümlichkeiten festhalten, die wir getrost »typisch bulgarisch« nennen dürfen. Das sind oft nur spezifische Komponenten wie das Milchbakterium, das bulgarischen Erzeugnissen vom Schnittkäse über den Weißkäse bis hin zum Joghurt eine festere Konsistenz und eine prickelndere Säure gibt. Der bulgarische Joghurt heißt nicht ohne Grund *kiselo mljako*, Sauermilch. Der *Lactobacillus bulgaricus* produziert beim Zersetzen des Milchzuckers rechtsdrehende Milchsäuren, die einen niedrigeren pH-Wert haben als die linksdrehenden, die der bei uns übliche *Lactobacillus acidophilus* ent-stehen lässt. Bulgarischer Joghurt muss naturrein sein und wird nur aus Milch durch Zugabe des Bacillus bulgaricus in einer fünfstündigen Fermentation bei 43°C erzeugt.* Auch den berühmten bulgarischen Schafskäse kann man durch seine frisch-moussierende Säure leicht von anderen unterscheiden.

Bohnenkraut lässt mich ebenfalls sofort an Bulgarien denken. Der Eintopf aus weißen Bohnen bekommt durch die Beigabe von in Sonnenblumenöl angeschwitzten Zwiebeln, süßem Paprikapulver und gerebelter Krauseminze seine Duft-Geschmacks-Einmaligkeit.

Würde man Bulgaren nach ihrem Nationalgericht fragen, so ginge wahrscheinlich der Weißbohnen-Eintopf als

---

* Wer eigenen bulgarischen Käse oder Joghurt herstellen will, kann den Bacillus bulgaricus übrigens kaufen in Online-Shops wie *bulgaria-shop.de* oder *bulgarianfood.eu*.

Sieger hervor. Sie verdrehen die Augen, wenn sie von dieser einen Bohnensorte aus der Dóbrudža sprechen, die nach dem Kochen cremeweich auf der Zunge zergeht, oder von den besonders großen Smíljanski Bob. Die andere in Bulgarien übliche Bezeichnung für Bohnen, fasúl, ist vom griechischen *phaseolis* abgeleitet.

Auf keinen Fall vergessen werden darf in dieser Aufzählung des typisch Bulgarischen der süßlich-fleischige Duft, der an Herbstabenden sogar noch durch die Großstadt Sofia zieht, wenn die Bevölkerung rote Spitzpaprika bäckt. Die bulgarische Journalistin Roumiana Taslakowa scherzte gern, der Čuškopek, der Paprikaschoten-Backofen sei die größte Errungenschaft des bulgarischen Maschinenbaus. Er besteht aus einem mit Heizstäben und Schamottsteinen gefüllten Metallzylinder auf Füßen, arbeitet mit Starkstrom – und das nur, um eine einzelne Spitzschote ideal rundum zu garen.

Auf dem Land machen die Menschen es technologisch unaufwändiger: Sie entfachen eine gleichmäßige Holzkohlenglut, legen einen Grill oder ein Blech darauf, und müssen zwar die Schoten zwei-dreimal wenden, können dafür aber auch gleich ein oder zwei Dutzend auf einmal grillen. Nach Abschälen der verkohlten Haut (die noch schwerer verdaulich ist als Tomatenschalen) werden die Schoten entweder in Einmachgläser für den Winter gefüllt oder durch den Fleischwolf gedreht, um so, grob geschnetzelt, in die schmackhafte Paste namens Ljutenitsa (wörtlich: *Scharfes,* weil manche auch ein paar scharfe Pepperoni zugeben) tun, die außerdem noch gekochten Tomatenbrei, manchmal auch gebackene und pürierte Auberginen, gelegentlich sogar Möhre und etwas Zwiebel enthält. Die Rezepte sind regional unterschiedlich! Die andere Variante der Gemüsepaste, bei der die Aubergine und der Koblauch dominant sind, heißt gut türkisch Kyopooğlu, *Kjöpolu* gesprochen.

Wer im Herbst reist, sollte auch in den Städten unbedingt einen Blick auf die Balkone der an sich so trostlosen Plattenbauten werfen, denn da kann es sein, dass er etwas wie eine Girlande entdeckt. Die besteht aber nicht aus Luftschlangen oder Lampions, und sie dient auch nicht der Dekoration eines Sommerfestes oder Kindergeburtstags, sondern ist Lufttrocknung nach Hausmacherart, denn es handelt sich um rote, an ihren Stielen aufgefädelte Spitzpaprikaschoten, die ein bis drei Monate an der Luft völlig austrocknen müssen. So konzentrieren sie ihr Aroma ungemein. Wenn sie dann traditionell zu Weihnachten und Neujahr in Wasser eingeweicht und mit Gehacktem, Reis, Ei, etwas Zwiebel und natürlich Bohnenkraut gefüllt werden, wird man als Fast-Food-Verdorbener lernen können, dass intensiver Geschmack auch ohne Natriumglutamat oder konzentrierte Fleischbrühen erzielt werden kann!

Aber schauen wir uns doch einfach mal an, was und wie ein Bulgare vom Aufstehen bis zum Schlafengehen so an Fest- und Flüssignahrung zu sich nimmt ...

Zum Frühstück – sofern er nicht schon modernem Berufsstress unterliegt und nur rasch einen Kaffee hinunterstürzt, bevor er zum Auto oder zur Haltestelle rennt – brockte er jedenfalls früher das Brot von gestern, das schon als alt gilt, zu einer Brotsuppe ein; dazu als Geschmacksträger weißen Salzlakenkäse und nach Geschmack Zucker (früher Honig). Übergossen wurde das ganze in der guten alten Zeit aber nicht mit Milch, sondern – mit Lindenblütentee! Wer jetzt die Nase kraus zieht, dem sei gesagt: Der Duft in südlicher Sonne aufblühender Linden ist ein Ereignis, das einen zum Dichter machen könnte!

Hauptnahrungsmittel – ich erwähnte es schon – ist das Brot, am besten weiß, warm und watteweich. Dann wird es Duschítsa genannt – Seelchen, weil es noch dampft, und der Dampfhauch dem Atem gleichgesetzt wird, mit dem Gott den Menschen Leben (Seele) einhauchte. Die vielen

Bräuche, die in Bulgarien ums Brot kreisen, und nicht zuletzt die unzähligen Formen von Ritualbroten, die meist mit Teigriemchen dekoriert sind, die die Sonne, Früchte oder Feldfrüchte zeigen, verweisen aber darauf, dass der bulgarische Brotkult auf alte Fruchtbarkeitsmagie zurückgeht, die in Zeiten vor Erfindung der Industriedüngung, der Traktoren und tiefen Metallpflüge nichts anderes war als der Versuch, die Angst vor Hungersnot zu bannen. Daher der Spruch: »Höher als Gott steht nur das Brot!«

Die Bedeutung des Brotes kommt auch daher, dass in alter, dörflicher Zeit (und die reichte in Bulgarien für viele Menschen bis in die Zeit um 1970, die Jahre der gewaltigen Industrialisierung) das Essen, meist als Eintopf, wirklich aus einem Topf gegessen und nicht mit Besteck, sondern mit abgebrochenen Brotstücken aufgenommen wurde.

Wer keine Zeit hatte, zu Hause zu frühstücken, kauft sich unterwegs etwas; Erwachsene, weil sie alle arbeiten müssen, damit das Geld reicht, Kinder, weil Schulbrote uncool sind und die Eltern ihnen lieber ein bisschen Tagegeld geben, in der vergeblichen Hoffnung, dass der Nachwuchs nicht nur Junk-Food kauft. Wer es ganz eilig hat, wendet sich an die alten Leute, die an belebten Punkten mit großen, in speziellen Backstuben gekauften Packpapiersäcken sitzen, aus denen sie lose Laugenteigkringel verkaufen, die nach dem türkischen Wort für Ring oder Kringel *Gevrék* (Plural: *Gevrétsi*) heißen und anders als die süddeutschen Laugenbrezeln nicht gesalzen sind. Wer etwas mehr Zeit hat, schaut bei einer *Baničárnitsa* vorbei. Dort kann er sich ein Marmeladenhörnchen (Kifla) oder ein Teigdreieck mit Weißkäsefüllung (Tutmanik) aus Weckteig kaufen, in Öl gebackene Krapfen in Kringelform, die man mit Puderzucker bestreut (Mekítsi), oder die Teigtasche, die den Lädchen den Namen gibt, die Bánitsa, die hier in Deutschland aus türkischen Imbissstuben als eine Form des Böreks bekannt ist. Gebacken wird in den Baničárnitsi fast immer selbst, und wenn man Glück hat, ist das Blech noch warm, dann schmeckt die Banitsa am besten.

Der Ursprung des Wortes »Banitsa« liegt, wie oft bei Teigwaren, wohl im Italienischen, und leitet sich von *pane* her, also Brot, wird nur eben weicher gesprochen und mit der Diminutivendung *-itsa* versehen, schließlich nimmt die einzelne Banitsa ja nicht den ganzen Ofen oder das ganze Blech, sondern nur ein Stückchen davon ein. Für den italienischen Ursprung des Wortes spricht auch, dass das Brotkörbchen in Bulgarien *Panérče* heißt.

Man hört und liest oft, die Banitsa sei aus *Blätterteig,* und es sei Schafskäse drin, aber die Wiederholung macht es auch nicht wahrer: Blätterteig oder *Millefeuille* ist Teig, der aufblättert. Banitsateig ist aber einfach hauchdünner Teig, der mit viel Sonnenblumenöl weich gemacht und dann gezogen oder durch die Luft gewirbelt wird, bis er so dünn ist, dass man hindurchschauen kann. Dieses Teigblatt wird dann – nein, nicht mit Schafskäse, sondern mit Weißkäse gefüllt, und der ist, schon wegen des Preises, in aller Regel aus Kuhmilch! Wer als Tourist nur deshalb keine Banitsa isst, weil er meint, es sei Schafskäse mit seinem eigentümlichen, strengen Geruch und Geschmack drin, dem kann Entwarnung gegeben werden!

Übrigens ist der Banitsateig sehr tolerant: Er nimmt außer Frisch- oder Weißkäse auch Spinat und gedünsteten Lauch auf. Die Strudel-Variante gibt es ebenfalls, meist aber nicht mit Apfel-, sondern mit Kürbisfüllung, weil die Dinger hier im Süden einfach sehr reif und süß werden.

Und was trinkt ein Bulgare dazu? Wer an den Schalter einer Baničarnitsa tritt, wird dort neben der Durchreiche ein kleines Plastikfläschchen stehen sehen mit einer ockerbraunen, dicken, trüben Flüssigkeit, die *Bozá* heißt (wörtlich: *Sauge* – Bozajnik ist der Säuger bzw. das Säugetier). Die alte Bezeichnung ist Hirsebier, aber Hirse ist heute nicht mehr drin. Die Boza von heute enthält vergorenen

Weizen mit Süßstoffen und ist wegen ihres säuerlichen Geschmacks gewöhnungsbedürftig. Ein beliebter Scherz in Bulgarien und Umgebung lautet: »Europa beginnt dort, wo die Menschen aufhören, Bozá zu trinken.«

Mittags kommt dann die Zeit der Suppen. Natürlich wieder von Brot begleitet, nur vielleicht nicht den üblichen Weißbrotscheiben, sondern der Pitka, einem kleinen Rundbrot, oder der Părlenka, einem runden Fladenbrot, das auf dem Grill angeröstet wurde.

Hat man Glück, kann man auf dem Land oder in speziellen Folklorerestaurants auf der Speisekarte im frühen Frühjahr Brennesselsuppe finden, das war in früheren, armen Zeiten, als es noch keine Treibhäuser gab, das erste Grüne, das es nach dem langen Winter zu essen gab. Die Suppe enthält Brennesselblätter, Zwiebeln und Suppennudeln und wird mit etwas bulgarischem Joghurt gebunden. Als Säuerung beliebt sind auch Zitrone oder Essig.

Wer nicht fies vor gut gereinigten Kutteln (Flecken) ist, sollte unbedingt Škembé Čorbá probieren. Der türkische Name bedeutet *Wanstsuppe* und wird serviert mit einem Döschen getrockneter und grob gemahlener, scharfer roter Pepperoni zum Draufstreuen und einem Töpfchen rotem Weinessig, in dem Knoblauchstücke schwimmen (zum Einrühren). Beides gehört unbedingt in die bulgarische Flecken- oder Kuttelsuppe, aber wie man sieht, wird einem die Wahl gelassen, ob und wie viel man sich davon zumuten will. Wie beliebt diese Suppe beim gemeinen Werktätigen ist, kann man daran erkennen, dass es Suppenküchen gibt, die Škembedžíjnitsa heißen.

Wer Glück hat, findet in der Provinz noch Hühnersuppe aus Landhühnern, die sich nicht für fades weißes Fleisch, sondern für Geschmack entschieden haben und eine Hühnerbouillon erlauben, vor der selbst der Sternekoch sich ehrfürchtig verneigt – um besser daran schnuppern zu können.

An heißen Tagen empfiehlt sich kalte Joghurtsuppe, Taratór genannt. Darin ist außer Wasser und bulgarischem Joghurt Salz, Dill, im Mörser zerstampfter Knoblauch, etwas Sonnenblumenöl, kleingehackte krumme Schlangengurke und – Walnussstücke! Spätestens die letztere Zutat dürfte selbst dem, der nicht zwischen dünn- und dickflüssig unterscheidet, sagen, dass das hier kein Tzatziki ist, sondern eben – bulgarischer Tarator.

Im Winter sollte man natürlich Lammsuppe probieren, die wegen der früheren Bindung an den Zeitpunkt der Schlachtung im Frühjahr Kurbán Čorba heißt; *kurban,* das ist das türkische Wort für die Schlachtung vor den Frühjahrsfesten bzw. dem Fastenmonat.

Wer es nicht so mit den Suppen hat, aber dennoch mittags bulgarisch essen will und nicht die grassierenden Angebote mit Riesenpizza-Achteln oder Burgertempel-Kost bevorzugt, kauft sich vielleicht an einem Grillbüdchen auf dem Markt oder sonstwo einen der beiden Hackfleisch-Klassiker: Kebapče (Hackfleischröllchen) oder Kjuvté (Frikadelle bzw. Bulette, vom türkischen *köfte)* mit frischem Weißkohl-Möhren-Salat als Beilage und einem Klecks Ljutenítsa. Dazu – genau! – ein paar Scheiben Brot oder eine Pitka. Beide Hackfleischklassiker sind in der Regel übrigens aus Schweinefleisch und beziehen ihren eigentümlichen Geschmack wieder aus Bulgariens Hausgewürz, dem Bohnenkraut. Klassisch ist auch die Verwendung von Kreuzkümmel. Irgendwo las ich, es sei auch Kumin drin.

Nach einer Zeit der Flaute finden auch die alten Garküchen, russisch einst *Stol* genannt, also *Tisch* mit der Bedeutung *Mittagstisch,* wieder Verbreitung. Dort findet man Eintopfklassiker wie Kavărma oder Gjuveč, im Römertopf überbackene Eintöpfe, die es in der Variante mit oder ohne Fleisch oder Pilze gibt. Neben Tomaten, Paprika, Auberginen, Bohnen und Zwiebeln gibt es auch die Variante mit Okraschoten. Moussaka gehört zwar zur griechischen Küche, ist aber in Bulgarien ebenfalls sehr beliebt: Hackfleisch und Kartoffeln, überbacken mit Joghurt und Eiern.

Nachmittags zum Kaffee stellt sich die Frage nach der typisch bulgarischen Süßspeise; aber als bulgarische Erfindung haben wir hier nur die Garaschtorte, eine Art Sachertorte mit Walnüssen. Beliebt sind Biskuittorten mit Vanillepuddingcreme. Weil bei den Süßspeisen mit Baklava und Gebäck der türkische Einfluss dominant ist, bleibt als einzig wirklich sehr bulgarisches Gericht nur ein Dessert aus abgetropftem Joghurt, Walnussstückchen und Honig. Man sollte es unbedingt mit Joghurt aus Büffelmilch (6,5% Fett) probieren! Wird aber meist als Dessert am Schluss eines Restaurant-Abends gegessen, zum »Kaffee danach«.

Ach, der Kaffee! Filterkaffee bekommt man in Bulgarien so gut wie gar nicht. Das ist fast so, als wolle man Tee trinken. Tee, darunter versteht ein Bulgare bis heute Kräutertee, und der fällt nicht unter die Rubrik Getränke, sondern unter Volksmedizin. Bis zum Vordringen unsres Konsumkapitalismus gab es in Bulgarien viele Kräuterkundige, und es gehört zu den magischen Erlebnissen, in einem der vielen Gebirge plötzlich im Juni auf einem Hang zu stehen, der vollkommen von Bergthymian bewachsen ist und betörende Düfte abgibt. Thymian gilt als hilfreich bei Halsentzündungen. Schwarze oder grüne Plantagentees stehen nur bei einer winzigen Minderheit hoch im Kurs.

In Cafés, und sogar an den unzähligen Büdchen, die neben Zigaretten auch Kaffee im Becher verkaufen, dominiert der Espresso aus der Dampfdruck-Maschine, bei dem man aber wählen kann: die starke Variante (*kăso – kurz* genannt) mit wenig Wasser, oder die Variante mit mehr Wasser (*dălgo – langer* Kaffee). Den immer noch beliebten *türkischen Kaffee*, bei dem Zucker und Pulver im Stieltöpfchen aufgekocht werden, gibt es vielfach noch bei Privatleuten oder auf dem Land. Übrigens war bis in die zweite Hälfte des 20. Jahrhunderts richtiger Bohnenkaffee in Bulgarien

Luxus, und mit »Kaffee« meinte man »Muckefuck« (Mocca faux), aber nicht aus Gerste und Zichorie, sondern aus gerösteten und gemahlenen *Kichererbsen,* die beim Aufkochen stark schäumen. Da auch die Kolonialware Zucker früher eine Rarität war, wurde zum Kaffee ein Glas mit Honig, Kunsthonig oder Konfitüre gereicht. Man tat sich einen Löffel voll auf die Zunge, und wenn der Kaffee darüber lief, wurde er süß. In vielen kleinen Kaffeegeschäften stehen Säcke mit Bohnen aller Sorten, Herkunftsländer und Röstungsgrade, die man in Deutschland vergeblich sucht.

Beim Stichwort süß muss unbedingt etwas erwähnt werden, was einen Besuch in Bulgarien für Obstliebhaber attraktiv macht: Da in den 1970er Jahren wegen der Industrialisierung der große Zuzug in die Städte begann, die Lebensmittelversorgung der Bevölkerung aber keineswegs gesichert war, pflanzten viele Zuzügler vor ihre Mietshäuser und Plattenbauten Obstbäume. Ohne je gegen Schädlinge gespritzt zu werden, tragen die erstaunlich gesunde Früchte. Ab Juni kann man im Vorübergehen hocharomatische Süßkirschen von der Knapp- bis zur Schwarzkirsche finden. Ein Genuss sind auch die Maulbeeren, die es in gelbweißer, roter und blauschwarzer Form gibt und die aussehen wie längliche Brombeeren. Ist man mit ihnen nicht vertraut, sieht man sie gar nicht, weil man Sträucher oder Ranken erwartet; sie wachsen aber an hohen Bäumen mit ledrig-grünen Blättern.

Der Maulbeerbaum ist in Bulgarien auch deshalb so wichtig, weil aus seinem Holz das klassische Fass für den Obstler gemacht wird, damit ihm der Rest Methylalkohol entzogen wird, der eventuell nach den üblichen zwei oder drei Destilliergängen noch darin ist.

Im Juli folgen die Sauerkirschen, die in guten Sommern gar nicht mehr sauer sind, und die Djanki, wilde Mirabellen (gelb, rot und blauschwarz), ab und zu blaue Pflaumen. Auch viele Walnussbäume gibt es.

Von Sofia an südwärts kann man sogar Feigenbäume entdecken, zu erkennen an breiten, fünffingrigen Blättern. Ab September gibt es die ersten reifen, nicht bloß süßen, sondern ungeheuer aromatischen Früchte. Ein halbes Kilo ist schnell gepflückt und ersetzt eine ganze Mahlzeit!

In Dörfern sollte man das Pflücken allerdings tunlichst unterlassen, da hier jeder Baum einen wachsamen Eigentümer hat! Wer sicher gehen möchte, geht eben auf den Markt, wo die Preise immer noch erstaunlich günstig sind und wo man im Sommer unbedingt die Pfirsichsorte mit weißem Fleisch probieren sollte, und natürlich Wasser- und Honigmelonen. Die verbreitetste Wassermelone ist die grün-weiß gestreifte Mičurinka, die klassisch-dunkelgrüne heißt hier *schwarze* Melone – *černa dinja*, wieder ein Beispiel dafür, wie oft in Bulgarien Worte symbolisch gebraucht werden: *schwarz* steht hier einfach für *dunkel*.

Fragt man sich, wie man zuhause beweisen soll, derlei Köstlichkeiten gesehen und genossen zu haben, empfiehlt sich der Kauf entsprechender Konfitüren. Zwar gibt es in den neuen deutschen Riesensupermärkten fast nichts, was es nicht gibt, aber eine Konfitüre aus Quitten oder Feigen dürfte immer noch exotisch genug sein. Beliebt ist in Bulgarien auch Hagebuttenmus. Das schmeckt prima als Aufstrich auf dem dünnen Pfannkuchen namens Palačinka, in dessen Teig neben Mehl, Salz, Zucker und Ei auch Soda kommt, etwas Joghurt und etwas Sonnenblumenöl, damit er besser durchbackt.

Das einmaligste Produkt aus Bulgarien dürfte aber die Rosenblattkonfitüre sein! Die Rose gehört biologisch ja zur selben Familie wie die Himbeere, und die Blätter der Damaszenerrose geben ihren Duft auch gern für die höchst genießbare Konfitüre her, deren intensiver, eigentümlicher Geschmack aber nicht jedermanns Sache ist.

Abends ist dann, wie überall im Süden, die eigentliche Hauptmahlzeit, und wenn es irgend geht, lässt der Bulgare sich dafür Zeit, viel Zeit. Anstatt, wie in Deutschland, nach dreißig Minuten zu hören: »Du isst ja immer noch!«, wie es mir seit vierzig Jahren notorisch passiert, würde man erstaunt gefragt: »Wie, du bist schon fertig?« Nach einer halben Stunde hat der Bulgare nämlich gerade mal ein bisschen im Salat gestochert und einen Schnaps getrunken. Ein Schnaps entspricht fünf deutschen Schnäpsen (10 cl gegenüber 2 cl) und heißt *Stogram* – Hundertgrämmer (10 cl = 1 Zehntelliter = 100 Gramm).

Das Abendessen beginnt immer mit einem Salat und einem Schnaps, egal, was folgt. Mit Salat meint der Bulgare in der Regel nicht Blattsalat, obwohl Römersalat (Marula) recht bekannt ist, inzwischen auch Friséesalat. Nein, er meint etwas mit Tomaten und/oder Gurken. Touristen wird immer als typisch bulgarisch der *Schopska Salata* genannt, der Salat der Schopen, dem Volksstamm, der in der Region Sofia beheimatet ist; typisch, beliebt und verbreitet ist er in der Tat, aber es gibt ihn in ganz Südosteuropa. In Slowenien heißt er nur Serbischer Salat. Er hat aber eine Besonderheit: Die rote Spitzpaprika, die neben Fleischtomate, Gurke, Zwiebel, Petersilie und geraspeltem Weißkäse hineinkommt, muss vorher gebacken, geschält und geschnetzelt werden.

Sehr bulgarisch ist der Snežánka-, der Schneewittchensalat aus abgetropftem Joghurt und fein geraspelten Stückchen frischer Cornichons oder geschälter Schlangengurken. Die sind hier eine kleinere, schlankere, krumme, aber feste Sorte, die nicht so viel Wasser lässt und natürlich durch die guten Böden viel mehr Geschmack hat als bloß diesen al-genartigen Grüngeschmack unserer Breiten.

Beliebt als Vorspeisensalat ist auch, rote Spitzpaprika im Ofen zu backen, sie zu schälen, mit etwas Vinaigrette anzumachen und Weißkäse dazuzulegen.

Welchen Schnaps man dazu trinkt, das war mal Regional-, heute ist es Geschmackssache. Wer Slivovitz mag, der kann Trojanska Slivova aus der blauen Pflaume trinken; wer richtigen Obstler aus Wein (also nicht nur Trester, der aus den Resten der Maische durch erneute Gärung gemacht wird) mag, der fährt am besten mit Weinbrand der Sorte Muskateller (bulg. *Muskat*). Der schmeckt fast immer. Durch Beschränkungen und rigide Auflagen für Privatbrenner sind die Zeiten, in denen man in Bulgarien einst wirklich Obstler trinken konnte, der aus nichts als reifen Früchten bestand, leider so gut wie vorbei. Heute kommt der Geschmack im bulgarischen Schnaps, soweit er es ins Supermarktregal schafft, meist aus Essenzen deutscher Hersteller. Und wird er exportiert, darf er auch nicht Rakija heißen, weil die Slowenen sich das Patent auf die Bezeichnung gesichert haben.

Eine Obstbrand-Spezialität taucht übrigens nicht in den Empfehlungen der Reiseführer auf, und das ist Quitten-Brand. In Vidin gibt es eine Brennerei, deren Abfüllungen es gelegentlich sogar bis in die Regale der Supermärkte schaffen, dadurch erfuhr ich davon.

Wenn Männer sich nach der Arbeit zusammensetzen, um zu palavern oder Fußball zu gucken, heißt das, was sie zum Schnaps oder – immer mehr verbreitet – zum Bier zu sich nehmen, nicht Salat, sondern *mezé*. »Da mézja« heißt, man »mischt« den Alkohol mit etwas Pikantem. Das können neben den genannten Salaten nun auch die türkische Trockengewürzsalami Sučuk / Sudžuk sein (die man auch in Deutschland in allen türkischen Geschäften bekommt) und die natürlich aus Lamm- oder Kalbfleisch sein muss, oder ihre bulgarische Variante, die Lukanka, in der auch Schweinefleisch ist. Beide sind erkennbar mit dem Allround-Gewürz Bohnenkraut gewürzt. Beliebt ist auch reiner weißer Schweinespeck, mit Salz und roter Paprika oder bulgarischem Gewürzsalz (Šarena Sol oder Til Piper) bestreut, das Bockshornklee, gemahlenen Mais, Bohnenkraut, Paprika und Salz als Mindestbestandteile enthalten muss.

Im Sommer greift der bulgarische Mann als Begleitung zum Alkohol auch mal zu Tsátsa, in Mehl gewälzten, fritierten Schwarzmeersprotten. Der Alkohol ist in diesem Falle das Bier, das übrigens dem Wein im traditionellen Weinland Bulgarien so langsam den Rang abläuft, sei es mit einheimischen Billigsorten, die inzwischen in großen Plastikflaschen zu einem, anderthalb oder zwei Litern angeboten werden, sei es mit deutschen oder tschechischen Bieren, die ihre Marken und Rezepturen längst per Lizenz an die großen bulgarischen Brauhäuser vergeben haben.

Mit Fisch haben es in Bulgarien ansonsten eher die Frauen. Der Mann begnügt sich mit dem Angeln. Die Leidenschaft fürs Angeln, so hat es manchmal den Anschein, hat mehr damit zu tun, mal rauszukommen aus allem, Ruhe zu haben, mit Kumpels trinken zu können, ohne dass die Frau die Gläser zählt, und dabei reden oder schweigen zu können. Andere Schnäpse, die Männer an lauen Sommerabenden gern konsumieren, sind der bulgarische Ouzo namens *Mastíka*, Anisschnaps, der wie der Pastis bei den Franzosen »Wolke« getrunken wird, also im Verhältnis 1:3 mit kaltem Wasser aufgegossen. Manche gießen den Mastika auch über viel Eis und füllen mit Wasser nur auf. Dann gibt es noch *Ménta*, den grünen Pfefferminzschnaps.

Zurück zum Abendessen. Der richtige Mann muss natürlich Fleisch essen. Das Huhn überlässt er der Frau. Er möchte es lieber deftiger, aber auch wieder nicht so »pervers« wie der Engländer, der – für Bulgaren unvorstellbar – Fleisch isst, aus dem Blut läuft! Für Bulgaren muss Fleisch vom Grill kommen und richtig durch sein, ohne rote Stellen drin! Am liebsten hat er Nackenkoteletts, davon auch gern mehrere!

Wer nun glaubt, dass des Mannes Fleischvorliebe allbeherrschend sei, der irrt. Die Spitzpaprika zum Beispiel, die oft auf bulgarischen Abendbrottischen steht, wird keineswegs nur mit Reis und Hackfleisch gefüllt, sondern auch mit jungem Weißkäse, verquirlt mit Ei. In diesem Fall werden nicht die roten, sondern die grünen Schoten verwendet, die dünnwandiger sind und milder im Geschmack. Eine Spezialität ist die Füllung mit weißen Bohnen, die zur Silvesterfeier traditionell aufgetischt wird.

Die Zutaten Paprika, Weißkäse und Ei findet man auch in einem anderen beliebten Alltagsgericht mit dem jiddisch klingenden Namen *Mischmasch*. Die Zubereitung macht dem Namen alle Ehre, denn es ist ein großer Mischmasch, bei dem vom Harten zum Zarten erst die kleingewürfelte Paprika in die Pfanne kommt, gefolgt von Zwiebelwürfeln, und wenn beide weichgedünstet sind, folgen Tomatenstücke, der Weißkäse und schließlich die Eier. Wer möchte, kann auch hier etwas Bohnenkraut einstreuen, Salz ist wegen des Lakenkäses meist nicht nötig.

Natürlich werden in Bulgarien nicht nur Paprikaschoten gefüllt, sondern auch eine andere Spezialität, die man als Nationalheiligtum bezeichnen darf: der Sauerkohl! Kennen wir Deutschen den gesäuerten Weißkohl vornehmlich in seiner fein geschnittenen Variante als Sauerkraut, werden in Bulgarien im Herbst ganze Kohlköpfe in Fässern eingelegt, mit Salzwasser bedeckt, zur Färbung manchmal einem Stück Rotkohl und einem Rettich zur Desinfektion. Der entstehende Sauerkrautsaft gilt als reinigend und gesund, die Blätter des Kohls werden binnen zwei Monaten weich und durchscheinend und können leicht abgelöst und für Krautwickel (Kohlrouladen) verwendet werden. Die Variante mit Wirsing und Rindfleischscheiben ist in Bulgarien hingegen unbekannt. Auf den Tisch kommen die Krautwickel traditionell zu Neujahr.

Wegen des natürlich guten Bodens in einigen Regionen (Schwarzerde) und der hohen Sonneneinstrahlung bei genug Regen im Frühjahr gelten die bulgarischen Tomaten (neben Gurken und Paprika!) als besonders schmackhaft. Zwar haben EU-Regelungen und die Öffnung der Märkte auch in Bulgarien dafür gesorgt, dass importiert wird, was gar nicht fehlt, sodass man oft lange suchen muss, um auf Märkten gute Tomaten von bulgarischen Kleinerzeugern zu finden, die noch nicht mit Kunstdüngung und modernen Treibhaustechnologien erzeugen, aber hat man Glück, dann *ist man* und *isst man sich* auch glücklich. Wenn man als Tourist nicht gleich Einkaufstaschen mit sich herumschleppen will, empfiehlt es sich, einen kleinen Salzstreuer oder ein Tütchen Salz und ein Taschenmesser einzustecken und sich zwischen Juli und September auf dem Markt die »Königin der Fleischtomaten« zu kaufen, das ist eine Sorte mit schillernd rosafarbener Schale. Ich habe das einmal gemacht, als ich Literaturleute durch Sofia führte, denen die Belesenheit und das ständige Niveauhabenmüssen schwer auf die Schläfen drückte. Für die bildete der Besuch auf dem kunterbunten Markt, das Hocken in einem Hinterhof, wo ich die kinderkopfgroße rosa Tomate für sie in handliche Stücke schnitt, einen der Reisehöhepunkte.

Nach diesen anerkannt besten Tomaten folgen die normalen Fleischtomaten. Auch für die gilt die Regel »klein, aber fein« nicht. Gottseidank aber auch nicht die Supermarktregel der makellosen Kugelform! Gute bulgarische Tomaten gleichen Quellwolken am Abend, sind also knubbelig und rot. Die kleine Tomate wird ebenso wie die Eiertomate (die klassische Dosentomate) nur zum Kochen oder zum Einmachen gekauft; an die meisten Eintöpfe muss ja schließlich immer etwas Tomate dran.

Wichtigster Eintopf neben dem aus weißen Bohnen ist der Linseneintopf. Hier wird selbst die größte fleischfressende Schnapsdrossel zum puristischen Veganer. Erzählt man, dass Deutsche in diese Eintöpfe mal Rindfleisch, mal Speck tun, Kartoffeln, diverse Gemüse und so weiter, steht dem Bulgaren das Unglück ins Gesicht geschrieben, hie mit dem Akzent Ekel, da mit dem Akzent Weltuntergang! Außer Zwiebeln, Sonnenblumenöl, Paprikapulver, Bohnenkraut, Knoblauch nach Geschmack, etwas Möhre und vielleicht einer Tomate darf nichts diese heiligen Eintöpfe verunreinigen; als Krönchen darf ihnen beim Servieren nur frisch gehackte Blattpetersilie aufgestreut werden! Kartoffeln darf man nur in jenen Mischgemüse-Eintopf tun, der so heißt wie der glasierte Tontopf, in dem er geschmort wird: Gjuveč (türk.: Güveç). Da dürfen auch andere exotische Gemüse hinein wie Okraschoten, Auberginen usw.

Auberginen und Zucchini werden auch gern in dünnen Scheiben gesalzen (damit die unbekömmlichen Bitterstoffe aus der Aubergine rausgezogen werden), abgewaschen, in Mehl gewälzt und in heißem Öl frittiert. Dazu passt Tomatensauce oder die in Bulgarien übliche Joghurtsauce, in die nur zerstampfter, möglichst frischer Knoblauch und Öl kommt. Man hat vielleicht schon gemerkt, dass in Bulgarien Öl immer Sonnenblumenöl heißt.

So mancher fragt sich vielleicht inzwischen, welche Rolle eigentlich die Nudel in Bulgarien spielt? Nun, eine eher bescheidene und sehr unitalienische, obwohl die Bezeichnungen ja aus dem Italienischen übernommen wurden. Die Suppennudel heißt hier beispielsweise *Fidé* und man denkt erst: na klar, türkisches Wort wie *pile* für *Huhn;* aber es kommt vom italienischen *fidelli*. Und natürlich geht keine Hühnersuppe ohne fidé. Alles andere – egal, welche Form es hat – heißt in Bulgarien *Makkaroni* und wird – mit Zucker bestreut – als Süßspeise gegessen! Spaghetti gibt es inzwischen auch, aber ein Bulgare, der *die* auf italienische Weise behandelt, ist außerhalb der Restaurants noch immer schwer zu finden.

Weinlauben hingegen gehörten in Bulgaren einmal zu jedem Bauern- und sogar Wochenendhaus. Französische Rebsorten gedeihen in geografischen Breiten, die klimatisch in etwa Mittelitalien oder Südfrankreich entsprechen, hervorragend. Bei den Weißweinen ist der Chardonnay ausgesprochen verbreitet, auch der Traminer; als »Volkswein« darf der Pelin betrachtet werden, aus dem auch Wermuth gemacht wird. Bei den Rotweinen kann man als Unkundiger fast blind jeden Cabernet-Sauvignon oder den früher reifenden Merlot bestellen. Die älteste einheimische Rotweinsorte, der Mavrud, der auf die Thraker zurückgehen soll, aber auffällig ähnliche Charakteristika hat wie der Piemonteser Nebbiolo (der wegen des häufigen Nebels im Piemont so heißt), aus dem Barolo und Barbaresco gemacht werden, braucht wie letztere gute Jahrgänge und hervorragende Winzer, um sein ganzes Potenzial zu entfalten.

Da seit etwas mehr als zehn Jahren, auf welchen Wegen auch immer, das Niveau der Hotels und sonstigen Herbergen wieder so gestiegen ist, dass man kaum unangenehme Überraschungen erlebt, kann man unbedenklich auch auf Weintourismus nach Bulgarien fahren.

Die kulinarische Küche befindet sich zwar im Aufwind; aber als Faustregel sollte man sich an die gute Bauernküche halten, die – wie immer und überall, wo Tradition verschwindet – nun wieder als lukrative Marktnische in eigenen Traditionsrestaurants gepflegt wird, die meist auch durch ihre Ausstattung wie ein kleines Folklore-Museum wirken und nicht selten ab zwanzig Uhr Musiker, manchmal auch Tänzer mit folkloristischen Darbietungen im Programm haben.

Zu dieser schönen Landküchenkultur, die auf die Qualität der Zutaten setzt, klares Würzen und einfache Rezepte, gehört auch eine rustikale, aber sympathische Eigentümlichkeit der bulgarischen Gastfreundschaft. So sehr es auch eine hergebrachte Reihenfolge gibt, in der man sich vom Salat zur Suppe, von der Suppe zum Hauptgericht und von da zu den Nachtischen und dem Kaffee vorarbeitet – kommen Gäste, wird immer alles gleichzeitig aufgetischt, damit es dem Gast an nichts fehlt.

1

2

3

Zu den Abbildungen auf Seite 61:

1
Sveta Bogorodica (Hl. Maria), ca. 1083-1100
Fresco im unteren Gebeinhaus vor dem Bačkovo-Kloster, entstanden kurz nach Gründung des Klosters im Jahr 1083

2
Erzengel Michael, Ikone aus dem 15. Jh., Plovdiv

3
Zahari Zograf (1810-1853)
Porträt der Hristiania Zografska, 1840
Öl auf Leinwand

Bilder von Christos *Floating Piers,* von denen zu Beginn des folgenden Textes die Rede ist, sind im Internet reichlich zu finden; die anderen erwähnten Bilder ebenfalls. Einige werden auf dem Buchumschlag abgedruckt und, soweit keine Copyright-Probleme bestehen, auch auf der Verlagsseite www.choraverlag.de gezeigt.

Živopis – Schreiben mit lebendigen Farben
Von der Ikone zur modernen Malerei

Das berühmteste Kunstwerk des Sommers 2016 war zweifellos die Installation *Floating Piers* im Lago d'Iseo, einem der schmaleren Gletscherseen am Südfuß der lombardischen Alpen, gelegen zwischen den bekannteren Lago di Como und Lago di Garda, zwischen den Städtchen Bergamo und Brescia. Auf schwimmenden Stegen aus Hunderttausenden kleiner, miteinander verbundener Plastikkuben, die mit Planen bezogen waren, die je nach Licht safrangelb oder orangefarben leuchteten, hatte der Künstler das Uferstädtchen Sulzano mit der Isola San Paolo verbunden, und diese noch einmal mit einer Nebeninsel. Die Menschen strömten hin und waren glücklich. Rezensenten schrieben, vielleicht vom Namen des Künstlers inspiriert, Verbindungen zur Bibel herbei, weil man doch jetzt übers Wasser laufen könne wie Christus über den See Genezareth. Einziger Unterschied: statt Religion – Kunst, statt Christus – Christo.

Als der inzwischen 80 jährige Künstler am Eröffnungstag im Juni selber über die Piers ging, um alles noch einmal zu prüfen, applaudierten ihm die Menschen begeistert. Er aber wollte sich nicht feiern lassen, und auch keine Erlösergestalt sein. Das wäre in Zeiten einer weltlichen Kunst nichts Besonderes, wenn dies hier nicht ein Text über bulgarische Kunst wäre, und der Künstler nicht aus Bulgarien stammte. Da sind Dinge zu klären, die andernorts gar nicht zur Debatte stehen, weil die Zeit, in der die Gegenwart sich befindet, nicht überall die gleiche ist.

Warum Christo es ablehnt, mit Bulgarien in Verbindung gebracht zu werden, darüber ist viel spekuliert worden. Er wurde 1935 als zweiter Sohn in eine der besten Familien

Bulgariens in Gabrovo geboren. Seine Mutter, Tsveta Dimitrova, war bis zu ihrer Heirat 1931 Generalsekretärin der Akademie der schönen Künste in Sofia und förderte das Zeichentalent ihres Sohnes schon im frühen Kindesalter. Der Vater, Vladimir Javašev, führte die Chemiefabrik in Gabrovo weiter, die sein Vater aufgebaut hatte. Christo soll schon als Kind von den riesigen Stoffballen, die im Werk seines Vaters gefärbt wurden, so fasziniert gewesen sein, dass er sie zeichnete.

Nach dem Krieg wurde sein Vater enteignet, die Fabrik verstaatlicht. Christo durfte, obwohl Kind eines Bourgeois, 1953 an der Kunstakademie Sofia bei Dečko Uzunov studieren, einem der renommiertesten Maler seiner Zeit. Das war für die damaligen bulgarischen Verhältnisse bereits ein Privileg, denn Stalin starb zwar genau in diesem Jahr, die Entstalinisierung und die sie begleitende Liberalisierung begannen aber erst 1956. Da ging Christo schon nach Prag. Von dort gelang ihm per Zug die Flucht nach Wien.

Als 1961 die Berliner Mauer errichtet wurde, war er in Paris und derart empört, dass er in der Rue Visconti, einer Seitenstraße der Rue de Seine, trotz Absage der Behörden am 27. Juni 1961 eigenhändig eine Mauer aus über zweihundert Ölfässern auftürmte und so die Straße unpassierbar machte.

Es ist natürlich auch nur eine Spekulation, aber ohne die Enteignung des Vaters, die Flucht und den Mauerbau, kurz, ohne Christos Abscheu gegen den Stalinismus, ist seine Weigerung, mit Bulgarien in Verbindung gebracht zu werden, nach Bulgarien zu gehen oder gar dort auszustellen, wohl kaum zu verstehen. Es gibt bis heute noch nicht einmal einen bulgarischen Wikipedia-Eintrag über ihn. Manche finden diese Haltung extrem halsstarrig, besonders die Bulgaren sind tief gekränkt. Aber Christo ist nicht der einzige Bulgare, der auf ein offenkundiges Trauma aus dem Totalitarismus so unversöhnlich reagiert, und es ist schwer zu bestimmen, wie Ehrgeiz, moralischer Rigorismus und Freiheitsliebe hier ineinanderwirken. Es ist ja bekannt, dass für Christo und seine verstorbene Frau Jeanne-Claude die Hürden, die sie zu nehmen hatten, um eine Installation realisieren zu können, quasi als »Environment der Produktionsbedingungen« zum Werk gehörten.

Wie auch immer: Das bulgarische Großbürgertum, dem Christo entstammt, hatte weder mit Tradition noch mit Religion viel am Hut. Und die übrigen Bulgaren betrachteten Religion entweder als Instrument der Politik, wie wir im Oster-Kapitel sehen werden, oder als Teil der Tradition, die man pflegte wie jeden anderen Brauch auch.

Diese fehlende Jenseitssucht reicht bis in die Sphäre der bulgarischen Ikonenmalerei. Sucht man ein Merkmal, das sie von den byzantinischen Quellen des Genres ebenso unterscheidet wie von den russischen Nachfolgern, so ist es eben nicht das künstlerische Streben nach Verwandlung alles Weltlichen in geistlichen Gehalt, sondern die genau umgekehrte Richtung: bulgarisch heißt, das Leiden, die Gefühle, die menschliche Seite im Ringen eines Heiligen zu zeigen.

Man müsste also schon sehr kühn assoziieren, um nur wegen des Gehens über das Wasser eines Sees Verbindungen herzustellen zwischen dem zeitgenössischen Installationskünstler Christo und jener religiösen Kunst, für die Bulgarien im Westen bis heute am meisten bekannt ist: die Ikonenmalerei.

Außer Christo gibt es keinen weltberühmten bildenden Künstler bulgarischer Herkunft (nur Nedko Solakov ist noch im internationalen Geschäft), und so wird der durchschnittlich Gebildete bei bulgarischer Kunst wohl zwangsläufig an das denken, was auf dem Kunstmarkt aus Bulgarien angeboten wird – und das sind eben Ikonen.

Ikonen gehören zum Gründungsmythos der orthodoxen Kirche, gelten als Beleg, dass Christus Mensch geworden ist. Darüber existiert eine eigene Legende: König Abagar von Odessa, der zu Christi Lebzeiten regierte, soll einmal so krank darniedergelegen haben, dass kein Arzt ihn heilen konnte. Die Kunde von den Wunderheilungen Jesu habe ihn erreicht, er habe also nach ihm schicken lassen. Jesus habe sein Gesicht in einem Tuch abgewischt, der Gesandte nahm dieses Tuch geistesgegenwärtig mit, und beim Anblick dieses Tuches sei Abagar geheilt worden. Davon leitet sich der Glaube an die Heilkraft der Ikonen her. Die Bezeichnung *Heilige* darf wörtlich genommen werden: In den harten alten Zeiten, als Elend, Hunger und Krankheit für viele Menschen Lebensalltag waren, hatten die Erlösungsversprechen der Religionen noch die buchstäbliche Bedeutung der Erlösung von Krankheit, *Heils*versprechen als *Heilungs*versprechen, und noch nicht die übertragen-moralische einer Belohnung für Wohlverhalten, wie es nach Einführung der kirchlichen Dogmen und später einiger protestantischer Lehren wie der von Calvin sein wird.

Die christliche Botschaft, Jesus habe durch sein Leiden am Kreuz das Leiden der Menschheit auf sich genommen und überwunden, das ist das, was bulgarische Ikonen wörtlich nehmen und darstellen. Sie zeigen Heilige, die Leidende *sind* und daher direkt, kathartisch, heilen, und nicht in entrückter Askese auf Christus *verweisen*, wie es byzantinische Ikonen mit ihrer genau definierten Bildsymbolik tun. Zu dieser gehört etwa die Vermeidung von Dreidimensionalität und Perspektive, die ja das Körperliche betonen. Sinnfällig wird der Verweischarakter in der berühmten Fingerstellung der vor den Körper gehaltenen Hand. Sie zeigt vier griechische Buchstaben gleichzeitig, *I* und *c* (= s) als Anfangs- und Endbuchstaben von *Isos* (Jesus) und *X* (= Chi) und *c* als Anfangs- und Endbuchstaben von *Christos*. Zum Kanon der Ikonen gehört des Weiteren, dass sie auf Holz gemalt werden, grundiert mit Gips und

Kreide, dann mit Blattgold gedeckt als Symbol des göttlichen Lichtes, darauf dann die eigentliche Malerei mit Ei-Tempera-Farbe.

Die vom hierarchischen Denken der byzantinischen Kirche unbeeinflusste bulgarische Ikone (allgemein verstanden als Abbildung religiöser Gestalten) lässt sich hingegen, vereinfacht gesagt, auf zwei Grundkräfte zurückführen: Leiden (dargestellt durch schmerzlichen Ausdruck) und Liebe (dargestellt durch die Wärme der Farben).

Für den ersteren Typ mag eine Wandmalerei stehen, die kurz nach Gründung des Klosters von Bačkovo geschaffen wurde und die klagende Maria zeigt – in einer bezwingenden Mischung aus expressiver Farbe und ganz sparsamen zeichnerischen Hervorhebungen an Augen, Nase, Mund und Kinn (siehe Abbildung auf Seite 61).

Den zweiten Typus zeigt die deutlich später entstandene Ikone der *Dreihändigen Gottesmutter* mit Kind, die im Kloster von Trojan zu sehen ist und im Ausdruck so verinnerlicht wirkt, dass nur die Farben sprechen. Rot ist natürlich die Farbe der Passion, des Blutes Christi, so viel Symbolik ist immer. Auch Grün, die Farbe des versprochenen Lebens, fehlt auf der als wundertätig geltenden Ikone aus Trojan nicht.

Die kostbaren Ikonen von kirchlichen Würdenträgern, die es auch in Bulgarien natürlich massenhaft gibt, in Originalen und Kopien wahrhafter Könner, erscheinen demgegenüber nur wie diplomatisches Kunsthandwerk.

Auf der Suche nach »meiner« Ikone wurde ich erst fündig, als ich mich von dem Gedanken verabschiedet hatte, es müsse für mich als Schreibenden unbedingt eine Ikone der Slavenapostel Kyrill und Method sein. Im Lädchen einer Kirche namens *Mariä Verklärung* in Sofia fand ich einen auf Holz gezogenen Druck des Erzengels Michael. Diese Ikone stand schon deshalb nicht in Gefahr übergroßer Heiligkeit, weil sie nicht eigenhändig und aus natürlichen

Malfarben gefertigt war, was ebenfalls zum Kanon einer echten Ikone gehört. Michael, auch Rangel genannt, ist der, der den Toten die Seelen herauszieht und diese ins Totenreich geleitet. Meine Billig-Ikone, deren Original aus dem 15. Jahrhundert stammt, zeigt einen rundgesichtigen jungen Mann mit kurzen Flügeln, im Umhang und mit Pelzmütze, der in tiefer Anteilnahme vor sich hin schaut. Von der Kälte eines Jägers oder Rächers, der einen Sünder der gerechten Strafe zuführt, ist nichts zu sehen. (Abb. S. 61)

Von Ikonen wie diesen ist der Weg zu einer weltlichen Porträtkunst nicht weit. Anfänge sind schon in der Kirche von Bojana bei Sofia zu bestaunen, die 1259 ausgemalt worden sein soll. Da gibt es nicht nur die berühmten Porträts des Spenderpaares in einer Mischung aus Realismus und mittelalterlicher Bedeutungsperspektive, und das farbenprächtige Ganzfigurenpaar des damaligen Zaren Konstantin Assen und seiner Frau Irina (s. Buchumschlag), sondern auch eine Abendmahlsdarstellung in wilder Bauernmalerei, in der die Köpfe der Jünger schluchzend (oder besoffen?) auf dem Tisch liegen, gleich neben den Lauchstangen, von denen der Maler wohl vermutet haben muss, dass die biblischen Jünger sie vielleicht ebenso gern zum Brot geknabbert haben wie der bulgarische Bauer.

Ab 1400 war die Entwicklung der Malerei in Bulgarien dann durch die Eroberung der Osmanen für ein paar Jahrhunderte beendet. Das Christentum war zwar erlaubt, aber wer die Schilderungen von Sofroni aus dem 18. Jahrhundert und die betreffenden Stellen im Reisebericht General von Moltkes von 1837 über den Zustand der Kirchen liest*, der ahnt, warum nur ganz wenige Ikonenmaler sich ihrer

---

* Über Sofroni mehr in meinem Buch *Heiliger Buchstabe, heillose Zeiten* oder direkt im Insel-Bändchen Sofroni von Wraza, *Leben und Leiden des sündigen Sofroni*, das noch antiquarisch erhältlich ist.
Moltkes Reisebeschreibung ist nachzulesen im Band *Besuch am Rande. Deutsche Bulgarienreisende im 19. Jahrhundert*, S. 46.

Kunst hauptberuflich haben widmen können. Dennoch gilt selbst für das schwer von Steuerlasten und marodierenden Räuberbanden gezeichnete Bulgarien des 18. Jahrhunderts: keine Regel ohne Ausnahme.

Ich hatte zum Beispiel den Eindruck gewonnen, dass es vor 1835 für Bulgaren kaum möglich war, das Reich zu verlassen. Nun lese ich im Lebenslauf des Gründers der Malerschule von Samokov (Ort zwischen Sofia und Rila-Gebirge), Christo Dimitróv (ca. 1745/50-1819), dass er 1770 mit einem Freund nach Wien gereist sei und Gemälde von Dürer, Rembrandt, Guido Reni und Jacques Callot gesehen habe. Bei einem Maler heißt das in der Regel, dass er zumindest Skizzen und ein paar Zeichnungen danach angefertigt haben muss. Der berühmtere seiner beiden Malersöhne, Zahári Zográf (1810-1853), kam zwar auch noch durch religiöse Kunst wie die Wandmalereien in den Klöstern von Rila und Bačkovo, zu Ruhm und Wohlstand, er malte aber schon ohne Auftrag Landschaftsskizzen und Portraits. Die Hl. Maria auf der Ikone von 1830 ist von so auffallender Schönheit, dass man sich fragt: Wollte Zograf eigentlich ein religiöses Andachtsbild malen, oder hat er nur einen Vorwand gesucht, um eine schöne Frau zu verewigen?

An solchen Bildern wird deutlich, dass die weltliche Malerei zwar noch versteckt operierte, aber längst nicht mehr in der Defensive war. Das Bild seiner Schwägerin Hristiania Zografska, der Frau seines Bruders Dimităr, von 1840 (siehe Abb. auf S. 61), ist nicht nur malerisch auf der Höhe der europäischen Zeit, es zeigt auch eine kostbar gekleidete Frau, die sichtlich nicht selbst im Haushalt arbeiten muss. Zu dieser Zeit war noch nicht einmal Rakovski als Befreiungskämpfer hervorgetreten, und doch zeigt dieses Bild, dass es vierzig Jahre vor der staatlichen Unabhängigkeit eine zwar kleine, aber bereits standesbewusste Bürgerschicht gab.

Eine Ausstellung in der Nationalgalerie Sofia im Jahr 2003 widmete sich denn auch dem Portrait in der Wiedergeburtszeit und zeigte, dass es unter den inzwischen reich gewordenen bulgarischen Kaufleuten bereits eine Schicht gab, die von stabilen Verhältnissen ausging und Wert darauf legte, für die Ahnengalerie verewigt zu werden. Diese Bilder waren natürlich nur in Privaträumen zu sehen, als Statussymbole. Es gab damals weder Museen noch Kunstauktionen; so ist der Schwerpunkt der malerischen Produktion auf Portraits zu erklären.

Als Bulgarien 1879 dann seine eigene Verfassung hatte und sozusagen »handlungsbevollmächtigt« war für sein eigenes Staatsvolk, begann man sofort, trotz bescheidener finanzieller Möglichkeiten, akademische Ausbildungsplattformen für Theater, Musik, Malerei und Literatur zu schaffen; denn für die Behauptung, man wolle die Freiheit, weil man eine eigene Kulturnation sei, musste ja nun auch der Nachweis erbracht werden. Es dauerte allerdings noch, bis über die Zwischenstufe einer 1893 gegründeten *Gesellschaft zur Förderung der Kunst in Bulgarien*, die auch eine Zeitschrift herausgab, 1897 ein erster Jahrgang sein Studium an der Malakademie aufnehmen konnte. Darunter bereits drei Frauen! Wichtiger Motor der Akademiegründung war sicherlich Konstantin Veličkov (1855-1907), der nicht nur Abgeordneter und Volksbildungsminister, sondern selbst ein begabter, aber eben akademischer Maler war.

Die Dialektik kultureller Entwicklungen will es, dass der Neuling, der etwas Eigenes werden will, sich im Fremden umsieht, und umgekehrt oft Fremde einen besseren Blick für das haben, was die landeseigene Künstlerschaft per ethnisch-nationaler Idee angeblich »im Blut« hat. 1881 wurde zur Ausbildung bulgarischer Maler ein in Vidim geborener und später in Prag gestorbener Tscheche engagiert, Jan Václav Mrkvička (1856-1938). In Plovdiv, wo er zunächst als Lehrer arbeitete, wurde sein Name ein wenig bulgarisiert zu Ivan Mărkvička. 1889 siedelte er nach Sofia über, wurde später Professor an der Malakademie. Er ist in die bulgarische Kunstgeschichte eingegangen mit exemplarischen Genreszenen, gemalt in einer Zeit, in der auch Dimităr Marinov (1846-1940) seine bahnbrechenden ethnografischen Aufzeichnungen zu Sitten, Volksbräuchen, religiösen Auffassungen und Aberglauben machte.

Mărkvičkas zu Recht berühmtes Gemälde *Răčenitsa* von 1894 (s. Buchumschlag) zeigt das Innere einer Dorfschänke. Männer, in weiten Hosen, Westen und Schaffellmützen, die Waden in Wickelgamaschen, die Füße in »Schuhen« aus Schweineschwarte, sitzen an Tischen, einige mit Pfeife. Zwei von ihnen tanzen in der Raummitte. Der Mann in der Hocke hat seine Schaffelljacke von sich geworfen, spannt das Tüchlein des Reigenführers zwischen den hochgereckten Armen; der andere hat einen Fuß in typischer Weise zum Aufsetzen auf dem Fußballen leicht vorgestreckt, die Arme in die Hüften gestemmt, den Rücken gerade, wie es sich für die Răčenitsa (Volkstanz im 7/8-Takt) gehört. Das Ereignis dieses Bildes ist das Licht, das gleißend auf allem liegt und den Moment gleichsam mit dem Blitz festhält.

Nikola Obrazopisov (1829-1915) hingegen, der fast zeitgleich, 1892, sein Bild *Dorfreigen aus der Samokover Gegend – Selsko Horo ot Samokovska Okolija* malte, muss bereits ein Bewusstsein davon gehabt haben, dass das Dörfliche etwas Abgelebtes war, denn in seinem Bild sind schon Spuren naiver Malerei zu erkennen, die dann in der monumentalen, ab 1930 entstandenen Veduten-Serie *Altstadt von Plovdiv,* die Alexander »Tsanko« Lavrenov (1896-1978) berühmt machte, zu einer erstaunlich unkitschigen malerischen Balance kam. Man denkt beim Anblick der Gemälde von Lavrenov mit ihrer hochgekippten Perspektive eher an die Geschichtsbewusstheit des Malers, weniger an historistische Heroisierung oder ihr Gegenteil, die Verniedlichung. Nicht der Maler ist romantisch oder gar nostalgisch, sondern diese Altstadt ist museal, und so wäre es irreführend, sie in einem Stil zu malen, als wäre sie etwas Heutiges. Für die Reflektiertheit Lavrenovs spricht nicht nur, dass er genau Auskunft über seine maltechnischen Innovationen geben konnte oder dass er in seiner reifen Zeit vier entwickelte Stile nebeneinander pflegte, sondern auch, dass er 1920/21 in Wien war, wo er alle zeitgenössischen Stile bis hin zur geometrischen Abstraktion erprobte. Höhepunkt seines Schaffens sind für mich Gemälde wie die vom brennenden Sofia 1944 nach den Bombardierungen durch die Engländer oder die realistisch wirkenden, aber zusammenkomponierten Gemälde des Neubaus der Sofioter Innenstadt (1954-1966), die trotz der Thematik nicht die geringsten Konzessionen an den sozialistischen Realismus machen.

Zwar waren schon in türkischer Zeit, erst recht nach 1878 die Söhne vermögender Kaufleute zum Studium nach Europa ausgeschwärmt, auch Künstler; doch um 1900 war es zum Standard geworden. Wenn von nun an die bulgarische Malerei nicht mehr alle Neuerungen der Avantgarde mitvollzieht oder zu kontern versucht, so ist das keine Unkenntnis mehr, sondern bewusste Entscheidung der Maler. Selbst wenn sie, wie Jules Pascin (1885-1930), ein bulgarischer Spaniole aus Vidin, nach Paris gehen, stehen sie von den ganz radikalen Positionen der Moderne ab.

Beim Anblick des Schlachtengemäldes eines anderen Tschechen, der in Bulgarien berühmt wurde, Jaroslav Vešin (1860-1915), kommt man schwer ins Nachdenken über die Kriterien, mit denen wir im Westen Kunst beurteilen. Ist wertvoll nur das, was radikal neu ist? Vešins *Rückzug der Türken bei Lüleburgas* von 1914 ist überhaupt nicht neu, sondern ein richtiger Schinken, der auch hundert Jahre früher hätte gemalt werden können. Doch die flüchtenden Soldaten und ihre Geschütze im Gegenlicht, die durch den meisterhaft gemalten spiegelnden Sumpf flüchten, die Steine, das Geröll, der Rotschimmer des Abends, der fast nur gespachtelte Hintergrund, dies alles vermittelt eine so beklemmende Kälte, ein solches Grauen, dass man »Nie wieder Krieg!« ausrufen möchte, wenn man es anschaut. Auch andere Bilder Vešins, etwa *Manöver* von 1899, spannt den Gegensatz von penibel realistisch gemalten Offizieren zu Pferd und fast abstrakt wiedergegebener, nur noch gespachtelter und gekratzter Landschaft maximal an.

Sollte man mit wenigen Namen und Tendenzen umreißen, woran sich die bulgarischen Künstler zwischen 1900 und 1930 orientierten, so müsste man den französischen Fauvismus eines Raoul Dufy, den Rayonnismus und »Orphismus« von Sonia und Robert Delaunay und den deutschen Mischstil aus Im- und Expressionismus eines Max Liebermann oder Max Slevogt nennen. Erst viel später, im »entwickelten Sozialismus«, hatten auch Henri Matisse und Pablo Picasso eine ungeheure Breitenwirkung auf die bulgarische Kunst, wovon eine kaum zu überschauende Zahl offen eklektizistischer Gemälde zeugt.

Der Max-Liebermann-Schule gehörte etwa Anton Mitov (1862-1930) an, dessen *Schopinnen auf dem Markt in Sofia* von 1903 eine geschickt und farbig komponierte Genreszene ist, mit Laden und Sonnensegel links, raumteilendem Baum, Wand rechts und Menschen im Vordergrund. Stefan Ivanov (1875-1951) hat 1906, zur Zeit der Rezeption des Symbolismus, eine Frau gemalt, die mit gesenktem Kopf, eingehüllt in eine Wolldecke, vor einer Hauswand sitzt, an die die sinkende Sonne die blauen Schatten der Blätter wirft. Eine simple Bilddiagonale von links oben nach rechts unten lässt das linke untere Bildviertel, von wo der menschliche Blick meist in ein Bild hineingeht, und wo hier die Frau sitzt, in aller melancholischen Schwere der »blauen Stunde« wirken. *Herbstblätter fallen – Kapyat esenni lista* heißt das bezwingende Gemälde, das – ebenfalls nicht sehr avantgardistisch – einfach nur feine Malerei ist und daher auf dem Umschlag dieses Buches gezeigt wird.

Ähnliches gilt für eine der Malerinnen, die aus dem bulgarischen Bürgertum hervorgingen, Elena Karamihajlova (1875-1961). Sie malte 1919 zwei Damen, die sich *Zurechtmachen für den Ball* – so der Titel des Bildes, das im Stil von Max Slevogt gehalten ist, delikat, luftig, intim und zeigt, dass Frauen in der Zwischenkriegszeit durchaus hervortreten konnten, aber eben auf Interieurszenen verwiesen waren, ähnlich wie in der Literatur.

Ivan Milev (1897-1927), sichtlich von der Wiener Sezession beeinflusst, wie sein originelles Selbstportrait mit dem von Krakelstrichen überzeichneten Gesicht zeigt, ist der vielleicht kühnste Maler seiner Zeit. Er entwickelt mit seinem *Gădular (Stehgeiger)* von 1924 eine eigene Bildsprache für die im Expressionismus so beliebte Großstadt-Straßenszene. Dabei bedient er sich der spätkubistischen Collagetechnik eines Georges Braque; die schablonenartigen Bildelemente entsprechen aber jeweils einem Körperteil der Figuren, so dass das Aquarell wirkt, als wäre alles ganz im realistischen Stil.

Die idyllische Seite dieser Zeit fing Nikola Tanev (1890-1962) in einer Art gebändigtem Fauvismus ein. Tanev hatte 1910 Claude Monet in dessen Atelier in Givenchy besucht und gehörte zur Gruppe der bulgarischen Impressionisten. Tanev hat es geschafft, seinen Farben tatsächlich so etwas wie Temperaturen zu geben, so dass man sogar einem Rotbraun ablesen kann, dass es ein sehr heißer Tag gewesen sein muss, als das Bild dieses Hinterhofs entstand.

Die überwältigendste und eigenständigste Synthese aus den Strömungen der französischen Moderne, vor allem dem Rayonismus der Delaunays, entwickelte Vladimir Dimitrov Poppetrov, genannt Majstora (1882-1960). Geboren in einem Dorf bei Kjustendil, wuchs er in Armut auf und schlug sich zunächst mit Hilfsarbeiten, dann als Lehrer durch. Sein Einkommen und die Unterstützung des Dichters Nikolai Liliev ermöglichten es ihm ab 1912, die großen europäischen Kunststädte zu besuchen. Sein reifer Stil ist charakterisiert durch Farbstreifen, die in rhythmischer Abfolge über das ganze Gemälde verteilt werden. Mal steht vor einem Hintergrund aus fast schon seriell gereihten Äpfeln im Laub ein einzelnes Mädchen in Tracht, mal werden sechs knallbunte, aber stark umrandete Feldarbeiterinnen (*Kopachki*, von 1935-1938) wie bunte Scherenschnitte leicht übereinandergeschoben, so dass der Eindruck von kinetischen Farbwellen, einer bühnenhaften Räumlichkeit entsteht.

Gut mit dem Meister und seiner naturmystischen Farbmagie bekannt, aber von ganz anderem künstlerischen Temperament, war Ilija Beškov (1901-1958), der unübertroffene Großstadtmaler Bulgariens. Auch er war in einem kleinen Ort, Dolni Dăbnik bei Pleven, aufgewachsen und hatte sich durchkämpfen müssen bis an die Akademie in Sofia. Aber wer den Geschichtsbüchern nicht traut und deshalb ein waches Auge sucht, das die Krankheiten der Zeit aufspürt, der findet es bei Beškov. Er malte in den 1920er und 1930er Jahren Tuberkulosekranke im Bett, Sträflinge in Gefängniskleidung, kahlgeschoren, beim Verhör, berittene Polizei auf den Straßen Sofias und wurde so zu einem der wenigen Maler, der soziale Probleme und den politischen Zeitgeist einfangen konnten.

Nun muss man sagen, dass die Jahre zwischen den Weltkriegen in Bulgarien trotz der schweren Reparationen, trotz der ungeheuren sozialen Spannungen, die sich im erbitterten Kampf zwischen Kommunisten und Monarchisten, dem mondän lebenden reichen Bürgertum und den bitter Armen abspielten, in Bulgarien eine kulturelle Blütezeit waren. Unzählige Zeitschriften, vor allem auch satirisch-humoristische in der Art des deutschen Simplicissimus, erschienen und boten Literaten und Karikaturisten honorierte Publikationsmöglichkeiten, von denen nicht wenige lebten.

Es ist gar nicht auszudenken, welche Entwicklung die bulgarische Kunst genommen hätte, wenn es keinen Krieg gegeben hätte, sondern die Schüler der Dečko Uzunovs, des Majstora und Ilija Beškovs sich frei hätten entwickeln können. Stattdessen also Zuspitzung der politischen Lage bis zur Suspendierung der Verfassung und der Auflösung des Parlaments 1934, die andeuten, dass Bulgarien politisch bereits unter deutschem Einfluss steht. Die Entrechtung der Juden per Gesetz 1940 und die kommunistische Machtergreifung 1944 führten zu einer Kunstentwicklung, die als sozialistischer Realismus bekannt wurde, aber in merkwürdiger Weise exakt jener Kunst entspricht, die im Faschismus, dem Todfeind der Sozialisten, in Deutschland fabriziert wurde. Da gab es von Arno Breker auch muskelbepackte Helden, die zwar eher nach Steroiden und Fitness-Studio aussahen als nach Fabrikarbeit, aber dafür gab es auch reine Maiden, die fast so schlank waren wie die Ähre, die sie anbetend in ihren zusammengelegten Händen hielten. Trotz der Unfreiheit einer Kunst, die nicht mehr formalistisch sein, sondern Arbeiter und Bauern beim Schuften zeigen und sie dabei heldisch idealisieren sollte – der Mensch ist zwar nicht nur, wie Marxisten meinen, das Wesen, das durch Arbeit es selbst wird; aber das auffällige Fehlen des Menschen bei der Arbeit in der Kunst zuvor durfte schon ein wenig ausgeglichen werden.

Gemessen an der Größe Bulgariens ist die Zahl der Künstler, die es geschafft haben, eigenständige Bildsprachen jenseits von Matisse und Picasso, aber auch von Feld- und Fabrikarbeitern zu entwickeln, immer noch groß.

Svetlin Rusev (geb. 1933) etwa fand einen malerischen Ausdruck für den Existentialismus, der in seinen jungen Jahren auch in Bulgarien epidemisch unter Intellektuellen grassierte. Rusev setzte abgemagerte, leer vor sich hinstarrende Figuren auf kahle Holzstühle an nackte Tische mit nur ein, zwei Gegenständen drauf, wobei die Figuren zeichnerisch behandelt waren, die Hintergründe dagegen malerisch, in meist intensiver Farbigkeit. Ergebnis sind fast existentialistische Ikonen.

Es gab, vor allem in der Grafik, stark surrealistisch geprägte Stile, in der Landschaftsmalerei grobe, fast abstrakte Lösungen, und auch abstrakte Farbfeldmalerei. Es ist ironischerweise nur so: Der Westen zeigte wegen seiner Ambitionen immer seine avancierte Kunst vor, der sozialistische Osten bemühte sich, sie zu verstecken. Und so müsste, angefangen von der Schule von Samokov, die drei Generationen wirkte, bis heute noch einmal gründlich Bestandsaufnahme und Neubewertung gemacht werden.

Ein erster Schritt in die richtige Richtung ist sicher, dass Bulgarien 2011 ein Museum der sozialistischen Kunst eingerichtet hat, wo Schulklassen und Interessierte die Möglichkeit haben, etwas von der geistigen Atmosphäre bildnerisch gestaltet zu sehen, in der ihre Eltern und Großeltern leben mussten.

Nach der politischen Wende 1990 ist die weltliche bulgarische Kunst fast vollkommen in den Tendenzen und Strömungen der westlichen Kunst aufgegangen. Es macht keinen Sinn mehr, Künstler heute nach nationaler Herkunft zu klassifizieren, ihnen Mentalitäten anzudichten oder dergleichen. Die ethnische Prägung des Künstlers war schon vor hundertfünfzig Jahren nicht mehr als eine schlecht belegte Behauptung.

Die Kunst des letzten großen bulgarischen Malers, der so etwas wie eine visionäre Synthese der geistigen Landkarte Bulgariens schaffte, Dimităr Kazakov, gen. Neron (1933-1992), zeigt in ihrer Entwicklung, dass alles, was der nationale Künstler angeblich im Blut hat, hart erarbeitet ist durch endlose Bildstudien. Kazakov begann in den 1960er Jahren mit historischen Gemälden und Bildern von Werktätigen, die sozialistischem Realismus sehr nahe kommen und nur durch eine besondere Schroffheit des Farbauftrags die heldische Geste verweigern. Später, nach intensiven Studien der bulgarischen Volkskunst und der mittelalterlichen Ikonen und Wandmalereien in den Klöstern löst er sich immer stärker vom platten Draufsicht-Realismus und erschafft, vermutlich auch inspiriert von Picasso, Bildoberflächen, in denen Figuren, ja, ganze Szenen, weich wie Nordlichter, um- und ineinanderströmen, bis sie in einem Moment so vollkommen zusammenpassen, dass der Maler sie gleichsam anhält und auf der Leinwand fixiert. Das, was der radikale Ivan Milev in den 1920er Jahren auf der Ebene des Genrebildes begann, das transferiert Kazakov auf die Ebene der Imagination. Man ist versucht, von Surrealismus zu sprechen, aber bei Kazakov ist nichts ausgedacht, nichts kalkuliert oder verfremdet, bei ihm ist alles Metamorphose von wirklich Gesehenem.

So zeigen die großen bulgarischen Künstler, dass nationale Kunst zwar immer ein Mythos ist, aber das hindert sie als Wesen, die »Photosynthese« mit ihrer Umgebung betreiben, doch nicht daran, uns sehr sehr viel von Bulgarien und seinen Menschen zu zeigen, weltliche Ikonenmaler noch immer.

Seite aus dem »Tetraevangeliar«
(Buch mit den vier Evangelien)
des Zaren Ioan Alexander (1331-1371)

Zur Abbildung auf Seite 79:

Die Abbildung zeigt den Zaren Ioan Alexander und seine Frau. Der Name des Zaren ist rechts oben zu lesen. Das »O« in Ioan ist noch wie ein griechisches Omega geschrieben, das »X« in Alexander wie ein Chi; daran sieht man, dass das Kyrillische den griechischen Großbuchstaben, aus denen es entwickelt wurde, ursprünglich noch sehr nahe war.

Auf dem Stammbaum des Indoeuropäischen teilt sich die Ausgangssprache, das Sanskrit, in Keltisch, Italisch, Germanisch, Baltoslavisch, Hethitisch und Indoiranisch. Das Bulgarische kommt vom Baltoslavischen, nachdem dieses sich in Baltisch und Slavisch geteilt hatte, weil die Slaven nach Süden und Osten wanderten. Die Bezeichnung Altkirchenslavisch für die Entwicklungsstufe, aus der alle heutigen slavischen Sprachen hervorgegangen sein sollen, kommt wohl daher, dass es durch kirchliche Schriften überliefert ist. Und da Bulgarisch dieser Sprache von allen heutigen slavischen Sprachen am ähnlichsten ist, gilt es als älteste slavische Sprache.

Eine Schrift, die die klare Wiedergabe slavischer Sprach laute ermöglichte, entstand erst im 9. Jahrhundert. Bulgarien war von den christlichen Großreichen Byzanz im Südosten und Ostfranken im Nordwesten eingekeilt und trotz seiner damaligen Größe, politischen und militärischen Macht nicht recht anerkannt. Die christlichen Staaten tun heute zwar sehr empört über die Islamisten, aber für sie war ein Nichtchrist ja auch kein richtiger Mensch. Es gab zwar schon vor der bulgarischen Staatsgründung 681 (Das Großbulgarische Reich Khan Kubrats von 632 befand sich nicht auf heutigem Gebiet südlich der Donau, sondern im Norden des Asowschen Meers.) Christen auf heutigem bulgarischem Gebiet, da dieses – das darf man nicht vergessen – erst Teil des Imperium Romanum war, nach dessen Teilung 395 Teil von Ostrom (Daher die Bezeichnung der Byzantiner als Romei.); aber das Reich der Khane war bis 865 noch kein christlicher Staat und wurde trotz seiner Macht nicht als gleichwertig betrachtet. Daher brauchten die bulgarischen Herrscher, so wie Byzanz die griechische und Franken die lateinische Schrift hatte, zum Ausweis ihrer göttlichen Legitimation eine eigene Schrift und die Anerkennung einer Übersetzung des Neuen Testaments in die bulgarische Schriftsprache.

Vermutlich durch den bulgarischen Fürsten Boris I., jedenfalls deutlich vor der Slavenmission in Großmähren ab 863, kam es zum Auftrag an Konstantin, einen der größten Gelehrten seiner Zeit, ein Alphabet für das Slavische zu entwickeln. Konstantin und sein Bruder Mihail waren 852 durch ihre Mission in Bregalnica berühmt geworden. So entstand um 855 die Glagolica. 867 gelang Konstantin, der inzwischen in Rom kurz vor seinem Tod zum Mönch geweiht worden war und dabei den Namen Kyrill angenommen hatte (Mönchsnamen fingen immer mit dem gleichen Buchstaben an wie die weltlichen Namen.), die Anerkennung des Altkirchenslavischen als vierter kirchlicher Verkündigungssprache, wohl weil der Papst gegen die Franken die Unterstützung von Byzanz brauchte. Man darf bei aller Liebe zu Bulgarien nicht vergessen, dass Kyrill und Method keine Bulgaren, sondern Byzantiner waren, aus bester Familie und mit guten Kontakten zum Kaiser – und Konstantin-Kyrill hatte ja auch in Konstantinopel an der kaiserlichen Universität studiert.

Ebensowenig darf man vergessen, dass zur Zeit der Entstehung der slavischen Schriften das römische Imperium zwar schon lange getrennt war in ein griechisch sprechendes und predigendes Ostrom (Byzanz) und ein lateinisches Westrom (mit der katholischen Kirche als einzig verbliebener Macht), aber das Christentum selbst war noch nicht gespalten. Das kam erst zweihundert Jahre später durch das Schisma von 1054, offiziell aufgrund eines Trinitätsstreits. So wurden Kyrill und Method vom Papst keineswegs als Andersgläubige empfangen, sondern als Christen, auf die er seinen Einfluss nicht verlieren wollte.

Kyrill starb in Rom, sein Bruder Mihail, der als Mönch nun Method hieß, setzte die Missionsarbeit bei Rostislav in Großmähren trotz dauernder aggressiver Hegemonieansprüche Ludwigs des Schönen von Ostfranken fort. Bis 880, da kippte Ludwig die Mährische Mission dann doch. Method und viele seiner Schüler wurden gefangen gesetzt, Mähren musste wieder die Hoheit fränkischer Bischöfe anerkennen. Method soll nach seiner Freilassung 881 auf dem Rückweg nach Byzanz ein Treffen mit dem bulgarischen Zaren gehabt haben, aber direkte Hinweise, was dabei besprochen wurde, gibt es nicht. Einige der etwa zweihundert Schüler Kyrills und Methods durften aber, wohl auf Druck von Fürst Boris I., der mit Franken 863 ein militärisches Hilfsabkommen geschlossen hatte, ausreisen. Kliment (abgeleitet von Clemens, der Gütige) wurde nach Ohrid abkommandiert, wo er die kyrillische Schrift schuf und 3 500 bulgarisch-orthodoxe Priester ausbildete.

Diese hatten zunächst die Aufgabe, in der neuen Schrift die Übersetzungen der liturgisch wichtigen Texte aus dem Neuen Testament auf die getrockneten Schafshäute zu schreiben, die damals als »Papier« für Bücher verwendet wurden, denn Fürst Boris I. hatte zwar 865 schon das Christentum zur Staatsreligion erklärt und war im Beisein des byzantinischen Kaisers Mihail, der sein Namenspate wurde, zum Zaren geweiht (und hieß eben daher nun auch Mihail); aber um seinem Ziel, dem eigenen bulgarischen Patriarchat, die nötige Grundlage zu geben, mussten ja für alle Kirchenkreise und alle von Kliment in Ohrid und von Naum in Pliska ausgebildeten Prediger genug Predigtbücher in der neuen Schrift vorliegen. Dies zog sich einige Jahre hin, und so kommt es, dass erst 893, mit dem Regierungswechsel von Boris-Mihail zu Simeon ein bulgarisches Patriarchat errichtet werden konnte.

Da Bulgarien sein Patriarchat im Zuge der Eroberung durch die Osmanen vor 1400 wieder verlor und diese das

Millet der Christen ungeteilt dem griechischen Patriarchen unterstellten, ging das Kirchenbulgarische für Jahrhunderte ins Exil. In Bulgarien wurde wieder Griechisch gepredigt, in den Zellenschulen wurde Griechisch unterrichtet, Griechisch geschrieben. Bulgaren, die eine slavische Ausbildung anstrebten, mussten in die Kiewer Rus ins Exil.

Die Erhaltung des Bulgarischen hängt damit zusammen, dass Frauen nicht zur Schule gehen durften, so dass sie ihren Kindern Bulgarisch als Muttersprache überlieferten, aber eben nur gesprochen. So entfernte sich die Volkssprache vom Altkirchenslavischen, und es ist eine Ironie der Geschichte, dass die für Bulgarien entwickelte »Kirilica« auf dem Umweg über die Kiewer Rus wieder ins Land gelangte.

Païssi von Chilendar ist nicht nur so bedeutend, weil er der Erste war, der den Bulgaren 1760-1761 eine eigene Geschichte schrieb[*], sondern auch, weil er, der viel durchs Land gewandert war und den Leuten gut lutherisch aufs Maul geschaut hatte, dies, soweit es die Darstellung erlaubte, nicht mehr im erstarrten Kirchenslavisch tat, sondern in einer Sprache, die viele Elemente der gesprochenen Sprache enthielt. Sofroni, der Païssi 1765 in seinem Geburtsort Kotel traf, fertigte eine der ersten Abschriften an und war dann als Priester, später Bischof von Vraca der Erste, der es wagte, auf Bulgarisch zu predigen. Er ist auch der Verfasser des ersten in Neubulgarisch geschriebenen *und* in kyrillischer Schrift gedruckten Buches, des *Nedelnik* oder *Kyriakodromion* von 1805, das eine Beschreibung der Sonn- und Feiertagsriten des Kirchenjahrs enthielt.

So ist also das heutige Literaturbulgarisch entstanden. Darunter brodeln natürlich immer noch eine Vielzahl

* Für genauere Auskünfte zu Païssi und auch zu Sofroni von Vraca verweise ich auf meine Darstellungen in dem Band *Heiliger Buchstaben, heillose Zeiten* oder direkt auf die von Norbert Randow herausgegebenen Bände bei Insel, die antiquarisch noch erhältlich sind.

regionaler Dialekte. Was heute als Bulgarisch gilt, ist das Ostbulgarische. Es liegt zum ersten Mal in seinem ganzen lexikalischen Reichtum im Werk von Ivan Vasov vor. Westbulgarisch wurde von der Linie Sofia-Rila-Pirin an westwärts gesprochen und hat sich zum heutigen Mazedonisch weiterentwickelt.

Mazedonisch ist ein gutes Beispiel dafür, dass irrt, wer glaubt, Sprachen seien etwas, das sich nur natürlich oder halt durch Einflüsse vom Mächtigeren zum Machtloseren entwickelt. Oft werden sie aus politischen Gründen durch *language planning* geschaffen. Mazedonisch ist zusammengesetzt worden aus dem Westbulgarischen und einer Reihe serbischer Wörter, die nach dem Zweiten Weltkrieg, als die Region zu einer der sechs jugoslawischen Republiken wurde, von staatlich beauftragten Sprachwissenschaftlern in die Wörterbücher und somit den Schulgebrauch eingebracht wurden. 1991, als Mazedonien eigenständiger Staat wurde, entschied es sich, auch nicht mehr mit der kyrillischen, sondern mit der lateinischen Schrift zu arbeiten, um sich stärker von Bulgarien absetzen zu können.

Natürlich erhitzt sich an solchen Geschichten der gekränkte Nationalstolz. Ein Witz bringt das auf den Punkt: »Was kommt heraus, wenn du einen schmutzigen Makedonen badest? – Ein reiner Bulgare.«

Die Sache mit dem »rein« funktioniert nur leider nicht, weder ethnisch noch lingual, denn Sprachen sind wie Flüsse, die ja auch kein reines H_2O führen, sondern immer viel Schwemmmasse. Nach der Verästelung des Indoeuropäischen in all die Sprachen, die heute in Europa gesprochen werden, ist jede Sprache nun ein großer Eintopf, in dem allerlei Zutaten köcheln.

Die Jahrhunderte unter osmanischer Herrschaft und griechischem Patriarchat haben natürlich ihre Spuren in der Sprache hinterlassen, und ich werde nicht müde, zu betonen, und zwar gegen jene, die alles den Stammtischen zuschieben wollen – die das Gequatsche nachplappern, aber nicht erfinden –, dass die »einfachen Leute« sich nicht für Konstrukte interessieren, sondern für das, was sie überliefert bekommen haben. Die angeblich so nationalistischen Leute haben mir, wenn sie aufgrund meiner guten Sprachkenntnis vertraulich wurden, oft für das Wort, das ich benutzt hatte, als Geheimtipp ein besonders altes, »saftiges« Wort genannt, wie es »richtige Bulgaren« benutzen. Und das waren dann immer Worte türkischen Ursprungs! Ich hatte zum Beispiel von guter Nachbarschaft, von *dobro săsedstvo*, gesprochen, da raunte mir einer zu: »Wir sagen für Nachbar *komšija* – und für Nachbarschaft *komšuluk!*« Diese Endsilbe *-luk* oder *-lăk* findet man als Endung vieler bulgarischer Worte, in denen von etwas im Ganzen gesprochen soll, zum Beispiel *Balaklăk*, das ist die Gesamtheit der Dummheiten, die gewisse Kreise permanent machen, aber auch der uns Deutschen wohlbekannte *Schaschlik* ist aus dem Türkischen und bezeichnet Fleischstücke und Gemüse, die auf einem Spieß (şış) zu einer Gesamtheit gefügt wurden. Damit aus mir ein richtiger Bulgare werden konnte, wurde ich also immer auf ein türkisches Wort hingewiesen. Was lernen wir daraus? *Würde* kommt von *Alter* und nicht von den Schreibtischen derer, die, um sich die eigenen Pfründe zu sichern, Sprachen und Staaten planen. (Darüber mehr dann im Kapitel *Der Staat als Diener des Staatsdieners.*)

Die geschätzten zehn Prozent alter türkischer Worte im Sprachgebrauch des heutigen Bulgaren lassen sich semantisch grob der Sphäre der Hauswirtschaft und des elementaren menschlichen Umgangs zuordnen. Das ist seinerseits sprechend, bedeutet es doch, dass die Sprache selbst oft ganz anderes bezeugt als die Geschichtsbücher behaupten. Worte wie *pile (Huhn), čorba (Suppe), kurban (Schlachtung, Gericht aus Geschlachtetem), šiš* bzw. *şış (Spieß), kyopooğlu (Auberginenmus), bereket (Ernte), čekmedže (Schublade), čadăr*

(Schirm), džam (Fensterglas), čam (Nadelholz), čolak (Krüppel) und *aman (genug, es reicht)* bezeugen, dass die Untertanen verschiedener ethnischer Abkunft auf bulgarischem Boden ganz gut neben- und miteinander gelebt haben müssen.

Spuren der kirchlichen Herrschaftssprache, des Griechischen, finden sich natürlich im religiösen Bereich, wozu in gewissem Sinne auch die Eigennamen gehören, wie wir noch sehen werden, und das Wort für das, was bis heute die meisten unter bulgarischer Kunst verstehen: *Ikone* (von eíkon – Abbild).

Das Deutsche ist im Bulgarischen – wen wundert's – vor allem im Militär-, Handwerks- und Ingenieurwesen präsent, wo es dann manchmal durch Anpassung der Worte an die bulgarische Phonetik zu komischen Ergebnissen kommt: *Walts* für Walze, *Valăk* für die kleine Walze, also die Rolle, *lajsta* für Leiste, *šperplat* für die Sperrholzplatte, k*ontakt* für Steckdosen und andere elektrische Anschlüsse, *štepsel* für das, was man in die Steckdose stöpselt. *Šalter* für Schalter macht dem Wort *ključ* Konkurrenz, das vom Schlüssel bis zum Lichtschalter für alles gebraucht wird, womit etwas auf- oder zugedreht oder -geschlossen werden kann. Die Schürze, die der ordentliche Handwerker sich beim Arbeiten mit derlei Utensilien anzieht, heißt im Nordwesten Bulgarien *šoréts,* und wenn der Handwerker nicht ordentlich ist, sondern schlitzohrig wie ein Kaufmann, der mit zweifelhaften Händeln das schnelle Geld machen will, dann macht er wohl *gešefti.*

Militärische Ausdrücke sind auf dem Umweg über das Russische, wo das deutsche *H* zu *G* wird, nach Bulgarien gekommen. Die Patronen*hülse* heißt hier *gilza,* die Tasche, in der sie verstaut wird, *patróndaš* – Patronentasche.

Der Pkw hat auch in Bulgarien einen a*uspuf,* der aber im Plural zu *auspussi* wird. Wer nun vor Lachen nach Luft ringt, der muss vielleicht das Schiebedach öffnen, welches auf bulgarisch *šibida(c)h* heißt. Entlang der Donau, deren

Flussbett bzw. -tal gut bulgarisch *talveg* heißt, ist natürlich der Einfluss der Kultur aus den deutschsprachigen Donau-Anrainern stärker. Dazu gehört der Walzer, der hier *vals* heißt und dirigiert wird von einem *Kapelmajstor.* Die Neutönerei Richard Wagners hat sich durch Übernahme des Wortes Leitmotiv *(lajtmotiv)* niedergeschlagen, das sogar in der bulgarischen Literaturwissenschaft Karriere gemacht hat. Der Bierkrug, der einst wohl einen halben Liter fasste, wird hier in Donaubulgarien *halba* genannt, die Butter, sonst auf bulgarisch *krave maslo* – Kuhfett genannt, heißt unübersetzt b*uter.*

Frankreich war natürlich auch in Bulgaren das Land der Mode und Lebensart, und so überrascht nicht, dass *šapka,* die Kopfbedeckung, von chapeau abgeleitet ist, der Mantel, *palto,* von paletot. Der Regenumhang ist eine *pelerin,* der Pony ein *breton.* Das *merci* setzte sich im Bulgarischen im Zuge der Verstädterung durch, die die typischen kulturellen Abgrenzungsrituale der Neubürger von den Landpflanzen nach sich zog. Auch das Rauchen von Zigaretten war, wie das merci, anfangs mondän. Ach ja, und die Korken zogen nun auch die Bulgaren mit dem *tir-bušon* (tirebouchon) aus der Flasche.

Heute vergessen wir angesichts der Übermacht des Englischen, dass früher die allgemeine Post- und Verkehrssprache ja das Französische war, und so kam es, dass die Behörden in die Reisepässe, die in sozialistischer Zeit in Bulgarien ausgestellt wurden, die lateinische Version der Namen ihrer Inhaber in französischer Transkription schrieben. Eine Rumjana schrieb sich im Reisepass *Roumiana,* ein Herr Čilingirov *Tchilinguirov,* ein Herr Čuškov *Tchouchkov.*

Die große Zeit des Englischen kam erst nach der Wende. Da war ja für eine gewisse Zeit der zuvor verbotene Kapitalismus so unwiderstehlich, dass die ganze Ökonomie ein einziges *biznes* wurde, das von einem *ofis* aus betrieben wurde. Die um sich greifende Computerisierung ging schneller vonstatten, als die Köpfe umsetzen konnten, und so wurde das englische to update nur mit einer slavischen Endung versehen und zu *apdejtvam*. Das hierzu nötige Downloaden von Daten hieß *daunloudvam*. Das konnte man in den social networks *lajkna* oder *anlajkna*. Doch so groß die Fülle der importierten englischen Ausdrücke ist: Bis die Stufe der Lächerlichkeit erreicht ist, zu der das Business-Sprech in deutschen Wirtschaftskreisen gediehen ist, haben die Bulgaren noch einige Peinlichkeiten nachzuholen.

Wer Berichte über die gewaltigen Demonstrationen liest, die nach dem Sturz Todor Živkovs 1990 f. in Bulgarien stattfanden, wird immer wieder auf das Wort *Meeting* stoßen und glauben, das sei auch einer der Anglizismen, die sich in Bulgarien nach der Wende eingebürgert haben. Das ist richtig, nur müssen wir einige Wenden und hundert Jahre zurückgehen, denn schon Simeon Radev gebraucht in seinem Zeitgeschichtsklassiker von 1911, *Baumeister des heutigen Bulgariens* das Wort *Miting* (Plural: Mitingi) für die Demonstrationen, die es in den politischen Tumulten der ersten Jahre nach der Befreiung von 1878 gab. Ja, manchmal sind Worte die wahren Indikatoren der Zeit, und so markierte der Anglizismus *Meeting* den Wiedereintritt Bulgariens in die europäische Zeitgeschichte.

Namen
Herkunft und Bedeutung

Türkische Fernsehserien sind in Bulgarien derzeit bei vielen sehr beliebt. In einer von ihnen, *Aus Liebe zu Russland,* die um die Zeit des Ersten Weltkriegs spielt, trat als Sohn aus reicher türkischer Familie ein gut aussehender junger Mann mit blondem Haar und blauen Augen auf, der den vielsagenden Namen Seyd Evtimov trug. Vielsagend im Wortsinne, denn nur der Vorname stammt aus dem Kulturraum des Osmanischen Reiches und ist vermutlich arabischen Ursprungs. Der Nachname ist, wie die Endung *-ov* zeigt, bulgarisch, oder besser gesagt: bulgarisiert, denn der Stamm, von Euthymios abgeleitet, ist griechischer Herkunft. Namen wie Seyd Evtimov, für deren Genealogie man auf mindestens vier Sprachen zurückgreifen muss, zeugen von der im wahren Sinne des Wortes bewegten Geschichte der ganzen Region. Nicht nur lebten bis zum griechisch-türkischen Krieg 1924* viele Griechen in Kleinasien, viele Türken in Thessaloniki; es gab vor dem Ersten Weltkrieg auch viele Bulgaren in Nordgriechenland und Griechen in Rumelien (Südbulgarien). Ein deutsch schreibender griechischer Autor aus Kavalla, mit dem ich früher zu tun hatte, trug einen Namen mit zwar griechischer Endung, der Wortstamm aber war bulgarisch und bedeutete Zwiebel. Sein Großvater hieß Vasil, wiederum ein bulgarischer Name, der aber wie die russische Variante Vasili vom griechischen *Basileios* abgeleitet ist.

Besonders apart muss in der heutigen Zeit der Glaubensfundamentalismen ein bulgarischer Name wie *Hadžipetrov* wirken. *Hadži* ist das türkisch-muslimische Wort für

* Am 29. Oktober 1923 hatte Kemal Atatürk die türkische Republik ausgerufen, in der als Türke nur noch galt, wer muslimischen Glaubens war.

Pilger. Gemeint ist natürlich die Pilgerfahrt nach Mekka oder Medina. Bulgaren, die sich zur Zeit der Zugehörigkeit des Landes zum Osmanischen Reich diesen Ehrentitel zulegten, waren aber keineswegs Muslime, sondern orthodoxe Christen, und die pilgerten nicht nach Mekka, sondern zum heiligen Grab nach Jerusalem! Um zu dokumentieren, was für gute *Christen* sie waren, legten sie sich also eine *muslimische* Namensergänzung zu, die dann im Laufe der Generationen mit dem ursprünglichen Nachnamen zusammenwuchs.

Abgrenzung ist eine räumliche Kategorie, die nur metaphorisch gebraucht wird. Komisch ist nur, dass sie oft mit zeitlichen Faktoren aus der Geschichte begründet wird. Man will etwas Lästiges hinter sich lassen, dem man sich entwachsen fühlt. Der auf mich entspannter wirkende Umgang der Bulgaren mit ihren Namen deutet vielleicht darauf hin, dass hier die Zeitwahrnehmung noch nicht so unter Stress gesetzt ist. Dafür spricht, dass man nicht nur in Geschäften und Banken, sondern auch im öffentlichen Raum kaum Uhren sieht. Die paar alten Uhrtürme, die es in der Provinz noch zu bestaunen gibt, sind Kulturdenkmäler. Unter den Osmanen waren christliche Kirchen zwar gestattet, die Glockentürme durften aber nicht höher sein als das niedrigste Minarett. Es gibt an bulgarischen Kirchtürmen daher keine Uhren.

Spielt die Zeit in diesem Land denn so gar keine Rolle? Doch, inzwischen schon; aber sie hat sich noch nicht zur Herrscherin über die Menschen aufgeschwungen. Das Verhältnis von *Sein und Haben*, das Erich Fromm in seinem gleichnamigen Buch so scharf zuungunsten des Habens kritisierte, muss in einem Land, in dem die Zeit noch nicht so rast, ja, in dem mehrere geschichtliche Zeiten noch nebeneinander existieren, ganz anders betrachtet werden.

Für Fromm zerstört der Drang nach dem Haben das Sein, also das *Im-eigenen-Leben-anwesend-sein*. Mit Blick auf

Bulgarien wird aber deutlich, dass Fromms Thesen *bedingt* sind, und zwar nicht nur am Pol der Wirklichkeit, sondern auch am Pol der Begriffe selbst. Wir sind immer noch zu sehr geneigt, Begriffe als etwas Statisches aufzufassen und glauben daher, das Verhältnis von Begriffen zueinander gleichsam geometrisch ausmessen und sie dann, wie im vorliegenden Fall, in Opposition bringen zu können. Und weil das so schön ordentlich wirkt, glauben wir, dass es auf die bezeichneten Tatsachen verweise. Doch die Bedeutung von Begriffen ist in Gehalt und Umfang abhängig von der gesellschaftlichen Realität, auf die sie bezogen sind. Fromms Diagnose trifft nur dort zu, wo die Fortschrittsdynamik, der forcierte Innovationsdruck als Zumutung so auf den Einzelnen einwirkt, dass er sich gezwungen fühlt, durch Kaufen, durch Umlernen, durch permanentes Überwinden seines ruhenden Persönlichkeitskerns bis hin zu dessen Negation durch Zerstörung seines »Ich-Gedächtnisses« Schritt zu halten mit der Zeit.

Hier im Westen wird ja viel von Individualität geredet, aber sieht man genauer hin, erweist sich, dass man sie gar nicht zugesprochen bekommt, sondern sie sich verdienen muss. In aggressiver *creative destruction* wird das Individuum immer wieder zum *Dividuum* erniedrigt, zu einem Teilbaren, das sich ständig neu entwerfen, neue Images erarbeiten und sich mit diesen »verkaufen« muss. Dadurch treten Haben und Sein in der Tat auseinander. Sie werden entleert, brauchen ständig Zufuhr, und wer die nicht beschafft, dem droht Absturz.

Die Tradition, die diese beiden substantivierten Hilfsverben noch gar nicht als Gegensatz zu sehen braucht, weil sie in ihr konvergieren und *das Sein eben das ist, was man hat,* ist in fortschrittsdynamischen Gesellschaften durch keine verlässliche Wirklichkeit mehr gedeckt.

In Bulgarien konvergieren Sein und Haben schon im Wort Namen. Es heißt dort *ime,* wörtlich übersetzt *Habe.*

Imenie heißt Besitz im Sinne von Haus, Hausrat, Gerätschaften, Hof und Ländereien, die jemandem gehören. Das Verb *imam* heißt *haben*. Mit anderen Worten: In Bulgarien werden Sein und Haben verbunden. Wenn ein Neugeborenes seinen Namen erhält, ist es bereits mit der Habe verbunden, verortet und vollständig angekommen im eigenen Sein.

Wird man in Bulgarien nach dem Namen gefragt, ist damit der Vorname gemeint. Andernfalls wird man – etwa auf Ämtern – um »die drei Namen« gebeten, also Vorname, Vatersname und Familienname. Die Anrede mit dem Vornamen markiert in Bulgarien deshalb keineswegs plumpe Vertraulichkeit. Kennzeichen der Vertrautheit sind Namensverkürzungen oder Diminituve: Der Atanas, mit dem man befreundet ist, heißt dann Nasko oder Nastju, Dimităr wird zu Dimo, Dimi oder Mitko, Stefana wird zu Stefka oder Stefi, Stefan zu Stefčo. Sascho heißt eigentlich Alexander, Koljo, Kosjo oder Kosta heißen mit vollem Namen Konstantin, Svetlju ist laut Pass Svetlin, Svetlan oder Svetlozar, Valju Valentin (Valja also Valentina).

Die Höflichkeitsform, die – wie das Wort schon sagt – zunächst an den Höfen der Aristokratie gebraucht wurde (die es in Bulgarien aber seit 1400 nicht mehr gab), ist später vom Bürgertum übernommen worden, um die Trennung von Interieur bzw. Privatsphäre und öffentlichem Raum zu markieren. Sie findet in Bulgarien erst seit der politischen Wende von 1990 allmählich Verbreitung und beruht zum einen ganz platt auf Nachahmung, zum anderen aber auch auf den zivilgesellschaftlichen Strukturen und urbanen Lebensformen, die sich erst seit wenigen Jahrzehnten in nennenswertem Umfang entwickelt haben. Übrigens entspricht die Höflichkeitsform in Bulgarien in der Tat dem pluralis majestatis *Ihr*.

Wer unterstreichen möchte, dass er Städter ist und sich von den Landpomeranzen abgrenzen will, vermeidet all die schönen, wirklich bulgarischen Namen, die aus Blumen oder anderen Naturerscheinungen abgeleitet sind oder Eigenschaften bezeichnen. Vorbild für das Urbane, Zivilisierte ist hier eindeutig Frankreich, und so kommt es, dass viele Namen in einer Weise geschrieben werden, die die französische Aussprache nachahmt. Aus Hristina bzw. französisch Christine wird so *Kristin*, aus Ekaterina wird über französisch Cathérine dann *Katrín*.

Als Kultur, die sich stark durch die Orthodoxie definiert, hat in Bulgarien der Namenstag so große Bedeutung, dass er bis vor gar nicht langer Zeit mehr gefeiert wurde als der Geburtstag. Freunde, Bekannte und Verwandte kamen ohne Anmeldung vorbei, um zu gratulieren. In Familien, die sich stark durch ihre Zugehörigkeit zum orthodoxen Christentum definieren (siehe das Kapitel über Ostern), kommt es natürlich häufig vor, dass der Name, auf den ein Neugeborenes später getauft wird, von dem Heiligen genommen wird, dessen Tag laut Kirchenkalender am Geburtstag gerade gefeiert wird. Wer sich nun fragt, was denn angesichts der erdrückenden Mehrheit männlicher Heiliger die armen Mädchen machen, der kann beruhigt werden: Die Slaven, die ohnehin als Ethnos mit erstaunlich großer Gleichberechtigung zwischen Mann und Frau galten, haben für die meisten männlichen Namen eine weibliche Entsprechung gebildet, meist durch einfaches Anhängen von *-a* oder *-ina*. So wird, um bei den Heiligennamen zu bleiben, aus Dimităr Dimitra, aus Vasil Vasilisa. Umgekehrt gibt es zur heiligen Paraškeva die männliche Form Paraškev.

Da die Heiligen der orthodoxen Kirche vor der Gründung des bulgarischen Patriarchats 893 lebten, sind ihre Namen natürlich nicht bulgarisch, sondern stammen aus dem Griechischen und sind nur bulgarisiert. Vasil oder die russische Form Vasili kommen von Basileios; die Lautverschiebung B zu W oder V ist ja häufig. Sogar Byzanz selbst heißt auf Bulgarisch *Vizántija! Pantelej* leitet sich vom Hl. Panteleímon ab, Ipolit von Hippolytos. Sogar der stolze bulgarische Zarenname *Kalojan* kommt vom griechischen *kalos* für schön und *Ioan* für Johannes, bedeutet also *schöner Johannes*.

Nimmt man die der leichteren Lernbarkeit halber zu Epochen zusammengestauchten Abschnitte der bulgarischen Geschichte unter die Lupe, sieht man, dass von stabilen Verhältnissen keine Rede sein kann. Zwischen 1185 und 1396, im 2. bulgarischen Zarenreich, gab es pausenlos territoriale Zugewinne und Verluste, Spaltungen und Teilunterwerfungen zwischen Bulgarien und Byzanz, und es ist davon auszugehen, dass wir von keiner Zugehörigkeit sicher ausgehen können. Es war ein buntes und oft grausames Durcheinander.

Davon zeugt auch, dass griechische Namen mal phonetisch ans Bulgarische angepasst, mal ins Bulgarische übersetzt wurden. Beide Varianten existieren beim griechischen Namen *Theodor,* der als *Teodor* oder *Todor* bloß übernommen wurde, aber auch in den schönen, übersetzten Formen als *Božidar* oder *Bogdan* existiert; alles bedeutet *Gottesgabe*. Theophilos bzw. *Teofil* ist dann unser alter Gottlieb.

Hinzu kommen in einem christlichen Land Namen biblischer Herkunft wie *Zachari* für Zacharias, *Toma* für Thomas, *Luka* für Lukas, *Petăr* für Petrus, *Pavel* für Paulus, *Ioan* oder russisch *Ivan* für Johannes, *Lazar* für Lazarus usw.

Wirklich bulgarisch, wenn auch vielleicht vom Licht der orientalischen Poesie beschienen, sind die Namen, die im weitesten Sinne aus der Natur kommen wie *Tsvetan* (der Blühende) und *Božura,* was wörtlich Pfingstrose heißt, semantisch aber auch einfach *die Schöne, Prächtige* meinen kann. Zu all den Blumennamen wie Róza (nicht zu verwechseln mit *Rosíca,* dem Tautröpfchen) und Iglika, Temenužka (Veilchen, auch existierend in der romanischen Variante *Violetta*) kommen Baumnamen wie *Javor* (Ahorn),

Tiernamen wie *Orlin* (von Adler) und Sternennamen wie *Zornítsa* – Morgenstern, das auch in der unübersetzten Variante *Veneta* vorkommt und auf den römisch-lateinischen Namen des Morgen- und Abendsterns, Venus, verweist.

Bei Kindern, die das Licht der Augen ihrer Eltern sind, bleiben natürlich Namen wie Svetlin(a), Svetlan(a), Svetla nicht aus, die eben die Lichtvolle, der Helle oder Leuchtende bedeuten. Wird das Licht stärker und strampelt das Kind so temperamentvoll, dass es *Funken* schlägt, bieten sich Namen wie *Iskra* oder männlich *Iskren* an; wird der Funken gar zum Zündfunken der Leidenschaft, so dass eine Flamme (Plamăk) auflodert, kommt ein *Plamen* oder eine *Plamena* heraus. Entwickelt sich die Flamme zum offenen Feuer (ogăn), lautet der Name *Ognján*. Und wo wir gerade bei den lichtverbreitenden Namen sind: Hier wird die Verbindung von Namen und Habe im Wort *ime* vielleicht am anschaulichsten: Es sind seine Eigenschaften, die der Mensch ins Leben mitbringt.

Das gilt noch mehr für Namen, die auf Eigenschaften des Charakters verweisen, wie etwa *Stojan* – der Standhafte oder Beständige. Bei *Boris* ist die Sache klar: der Kämpfer, bei *Bojan* zwiespältig, denn *Boj* kann sowohl Schläge, Prügel bedeuten als auch Wuchs, also entweder auf ein schlagkräftiges Kind vorausweisen oder auf ein Kind, dem die Eltern einen guten oder großen Wuchs wünschen.

Häufig findet man Zusammensetzungen, die auch in ihren Teilen als Namen gelten, wie etwa *Vladislav*, das aus Vlad und Slav besteht. *Vlad* hat etwas mit Macht und Herrschaft zu tun, *Slav/Slavka* kann Sprache, Ruhm (= was sich herumspricht) bedeuten; aber auch *slavej*, die Preislieder singende Nachtigall, kommt aus diesem Wortstamm und findet sich dezidiert im Vornamen *Slavejko*.

Na denn: Mach aus deinem Namen einen Lobpreis!

Tücken eines Tuworts
Eine Philosopherzweiflung

Die erste Entdeckung, die man macht, wenn man die Wörter einer Sprache nicht systematisch und erschöpfend aus dem Buch, sondern im Gebrauch lernt, ist: Sie lassen sich nicht Eins zu Eins übersetzen. Ihre Bedeutungen, ihre semantischen Felder überschneiden sich zwar, sind aber nicht deckungsgleich. Da kann man sich bös vertun. Eben freute man sich noch, ein Wort in seiner buchstäblichen Bedeutung verstanden zu haben, da hört man es in einer Redewendung in übertragenem Sinne gebraucht. Eben noch hieß *tíkva* nur Kürbis, und *tíkvenik* Kürbisstrudel, was ich auch wusste, da bedanke ich mich bei einem Ehepaar, das mich eingeladen hatte, für den *tikvenik* – und die Leute lachen! Denn *tikvenik,* das heißt im Bulgarischen nicht nur Kürbisstrudel, sondern bezeichnet auch das, was wir einen Holzkopf nennen. Die harte Schale des Kürbis' spricht für sich selbst.

Aber das ist noch gar nichts. Es gibt auch Fälle, wo ein Wort mehrere verschiedene Bedeutungen hat. Manchmal, wie beim Hauptwort *vălna,* hilft die Betonung: Auf der ersten Silbe betont haben wir *Wolle,* auf der zweiten Silbe betont die *Welle.* Aber es gibt auch Worte, da kann man sich noch so anstrengen: irgendwann muss man seine Versuche, die Sprache zu systematisieren, aufgeben, und sie einfach nehmen, wie sie ist.

Das Verb *tóča* (*č* = tsch, das ist *ein* kyrillischer Buchstabe, sprich also schnell: tótscha) zum Beispiel lernte ich kennen als *schärfen, wetzen, schleifen.* Kein Problem. Waren zwar drei verschiedene Tätigkeiten, aber das Resultat war dasselbe: am Ende kam man mit dem Küchenmesser wieder gut durch die Wurst. Im *Gegenstand,* dem Messer, auf das sich diese drei Tätigkeiten bezogen, kam das semantische Feld zu seiner Einheit. Doch wie groß war meine Überraschung, als ich zum ersten Mal selbst bulgarische Banitsa – gefüllte Teigtaschen – backen wollte. Die Schwierigkeiten fingen schon damit an, dass der Verfasser meines Wörterbuches offenbar selbst nicht kochte, denn er übersetzte *Banitsa* mit Blätterteiggebäck. Blätterteig aber ist nicht *Teig, der dünn ist wie ein Blatt,* sondern *Teig, der blättert* und den die kochverrückten Franzosen deshalb in poetischer Übertreibung *millefeuille* – Tausendblatt nennen und für ihre Pasteten verwenden. Für Banitsa aber wird eben kein Blätterteig verwendet, sondern ein Teigblatt, und je dünner das ausgerollt ist, desto besser wird die Banitsa.

Da dämmerte mir langsam, dass es nicht genügte, ins Wörterbuch zu schauen; man musste sich auch persönlich angucken gehen, was mit einem Wort gemeint war, sonst wurde das schon bei den alltäglichsten Dingen nichts mit der Verständigung, vom Übersetzen ganz zu schweigen. Aber das *direkte Sehen* reichte auch nicht. Ich musste lernen, *bildhaft zu denken.* Denn im Bulgarischen, wo die Banitsa zum täglichen Leben gehört, kann eine Verwechslung von Blätterteig und Teigblatt schon allein deshalb nicht vorkommen, weil die Bezeichnung für den dünn ausgerollten Teig gar nicht *Teigblatt* lautet, sondern *korá,* »Rinde, Kruste« – wie die Umhüllung von Bäumen und von Brot, und es hörte sich merkwürdig rau an – wie Rinde eben. Wenn man *kora* hingegen visuell begriff, eben als die »Umhüllung« von Brot und Baum, dann wurde die Sache zu einer poetischen Metapher, einer Übertragung, und die Teigtasche bekam etwas Naturwüchsiges, denn auch sie war ja ein organisches Etwas mit einer Füllung und einer *Hülle,* eben dem *ausgerollten Teig.*

Meine Überraschung, als ich mir ein Paket Teigblätter für die Banitsa kaufte, war damit aber noch nicht zu Ende. Denn auf der Verpackung stand nicht etwa nur *kori* –

Rinden, sondern *korí tóčeni,* und letzteres sollte laut Wörterbuch nun *ausgerollt* heißen. Jetzt aber mal langsam!, dachte ich. Hieß *toča* nicht eben noch schärfen, wetzen, schleifen? Das ging ja wohl in keinem Messer mehr zusammen!

Eines Tages fiel es mir wie Schuppen von den Augen. Und als die Schuppen weg waren, bemerkte ich, was für ein Unterschied es ist, ob man nur *guckt,* oder ob man *genau guckt.* Und bei genauem Hingucken wurde ich ein bisschen schlauer, in welcher Weise die Bulgaren in Sprache denken, wie sie die semantischen Felder ihrer Verben bestimmen: sie schauen sich nicht nur – eher abstrakt – das Resultat der mit dem Verbum bezeichneten Tätigkeit an, sondern – sehr konkret – den dinglichen Gegenstand, an dem diese Tätigkeit verübt wird. Hier: das Messer auf der einen und der Teig auf der anderen Seite. Doch was ist eine Tätigkeit? Eine Tätigkeit ist eine Verrichtung an einem Objekt, die dessen Eigenschaften oder Verhältnisse verändert. Und was war die Eigenschaft, die die Tätigkeit des *toča* an Teig und Messer gleichermaßen veränderte? Ganz einfach. Wenn das Messer oder – genau besehen – die Klinge des Messers und der Teigballen *točeni* waren, waren beide *sehr sehr dünn*. Dünn wie ein Blatt. Und auf einmal erinnerte ich mich, dass es dafür auch im Deutschen eine Entsprechung gab, nämlich die »Klinge« der Säge, die wir auch Säge*blatt* nennen.

Aufseufzend lehnte ich mich in meinem Sprachlernsessel zurück. Ich hatte es: Unter *toča* verstanden die Bulgaren also jede Tätigkeit, die etwas so veränderte, dass es am Ende eine Kante oder einen Rand hatte, so dünn oder so scharf wie ein Blatt!

Mit dem selbstgefälligen Lächeln des Siegers über die Tücke der Sprachmaterie drehte ich mich so, dass die Sonne, die durch das breite Fenster meines Wohnzimmers hereinschien, mir *genau* in den Nacken schien. Die Tatsache, dass auch *genau* in den Semantikmix jenes Verbums fiel, das ich inzwischen vollkommen meiner Kontrolle unterworfen hatte und mit *točno* zu übersetzen war, beunruhigte mich in keiner Weise: Selbstverständlich konnte man *ausgerollten* Teig nur mit einem sehr gut *gewetzten* Messer *genau* zuschneiden! Wo lag das Problem? Alles klar zu sehen! Bildhaftes Denken!

Doch Sonne im Nacken ist tückisch. Sie entspannt so gefährlich. Je milder ich also in meine Erfolgsträume hineindämmerte, desto stärker drängten sich mir gewisse Bilder aus der Erinnerung herauf.

Ich sah mich durch einen Weinkeller in der südbulgarischen Stadt Melnik gehen. Naja, Stadt heißt sie zwar, aber es ist wohl die kleinste Europas: 250 Einwohner hat sie. Und zweifellos ebenso viele Weinkeller. Die sind direkt in die weißen, schroff aufragenden Kalksteinfelsen gehauen, zwischen die sich die kleine Stadt schmiegt. Eine bildhafte, eine postkartenschöne Erinnerung. Jetzt ein Glas Melniker Rotweins: Auf den Erfolg! Doch jenen dicken Kopf, wie man ihn nach dem Genuss der weniger gut ausgebauten Melniker Weine bekommt, bekam ich auch so. Denn hinter meiner Erinnerungspostkarte steigerte sich ein zunächst leises Grollen zu einem ohrenbetäubenden Dröhnen. Ich schloss die Augen, um den Kopfschmerz zu lindern und das Bild in meinem Kopfkino genauer sehen zu können. Da – ratsch! – wurde die Postkarte von einer dicken, schwarzglänzenden Kugel durchschlagen, auf der ein Herr im Bratenrock saß. Sein feixendes Gesicht war von einer Weißhaarperücke eingerahmt, hinter der ein Zöpfchen herflatterte. Obendrauf, vom Fahrtwind leicht nach hinten gerutscht, ein Dreispitz. Noch bevor ich Münchhausen Guten Tag sagen konnte, schlug er mit seiner Kanonenkugel krachend in meinen Sprachkortex ein, und mit lautem Knall flogen mir die Splitter nur so um die Spiegelneuronen. Als der Rauch sich verzogen hatte, erblickte ich einen dicken schwarzen Kater, der eine grüne Schürze trug. Der Kater stand in einem Melniker Weinkeller an einem gewaltigen Holzfass und fragte hinterhältig: »Da ti *toča* malko vino li? – Soll ich dir ein wenig Wein … *zapfen?*«

»Gern!« sagte ich. Erst dann erreichte mich das Münchhausen-Trilemma des kritischen Rationalisten Hans Albert auf der semantischen Seite: »Mo-, Moment mal«, stotterte ich, »was hast du da gerade gesagt? *toča? vino?* – Wein – *zapfen?*«

»Ja«, meinte der Kater zufrieden: *toča* – zapfen! Müsstest du als Bulgare doch wissen? Wein zapfen, Bier zapfen, Sauerkrautsaft zapfen – toča, toča, toča! Oder bist du gar kein Bulgare?«

»Hör auf!« schrie ich. Es zerschnitt mich, als sei ich ein *nicht ausgerollter* Teigballen, durch den ein stumpfes, *nichtgewetztes* Messer fährt, aber *genau* in der Mitte! Schrecklich! Aus mit der Kontrolle über Wortart und -bedeutung!

Aber es gibt ja noch den Modus! Im Gefüge eines Satzes gibt das Verb bekanntlich Auskunft darüber, was das Subjekt tut (Aktiv) oder ihm widerfährt (Passiv). Es gibt aber auch noch den Medial, die *Nicht-Fisch-nicht-Fleisch-Form* des Verbes, wenn jemand zugleich etwas tut und erleidet. Einen Irrtum zum Beispiel begeht man, er unterläuft einem aber auch. Daher heißt es dann reflexiv *sich irren*. Es dürfte nun keine Überraschung mehr sein, dass das dreiste Zeitwort *toča* sich auch da keine Zurückhaltung auferlegt.

Stellt man sich die Zeit vor wie ein Teigblatt für die Banitsa, dann wird es, wenn schon nicht verständlich, so doch wenigstens anschaulich. *Toča* im Medial heißt dann natürlich nichts mehr von alle dem, was wir schon gehört haben, neiiin, nicht *schärfen, wetzen*, nicht *ausrollen* und nicht *zapfen*, sondern – *sich hinziehen!*

Es ist wie das Lernen der bulgarischen Sprache. Da hilft auch alles nichts: Man muss jedes Wort in jedem Kontext wieder neu und in seiner dort gültigen Bedeutung lernen.

Da helfen keine Regeln und keine Eselsbrücken.

Die einzige Regel, die sich aus dem Gesagten ableiten lässt, ist, dass das Erlernen der bulgarischen Sprache endlose Geduld erfordert. Am schönsten drückt dies ein bedeutungsschillerndes bulgarisches Verbum im Medial aus, bei dem ich immer an das Zuschneiden von Banitsateig mit einem scharfen Messer denken muss:

Toča se – Es zieht sich!

Ostern

Politische Auferstehung

Das Ergebnis einer Umfrage zum wichtigsten christlichen Fest in Bulgarien und in Deutschland ließe sich mit großer Wahrscheinlichkeit vorhersagen: In Deutschland wäre die überwältigende Mehrheit für Weihnachten – wobei für die breite Bevölkerung der Stimmungsaspekt eine größere Rolle spielen mag als der religiöse Gehalt. In Bulgarien hingegen fiele die Wahl auf Ostern, weil »Auferstehung« hier wie auf dem gesamten einst osmanisch beherrschten Gebiet Südosteuropas auch eine politische Dimension hat. Dabei wird der religiöse Gehalt, die Kernbotschaft des Christentums von der Auferstehung, keineswegs vom politischen Gehalt erdrückt oder ideologisch verfälscht; nein, man muss sich »bulgarische Ostern« eher mit einem Bild aus dem Obstbau veranschaulichen: Das Christentum, genauer gesagt *die Kirche,* wird als einziger Baum verstanden, auf den sich der vor langer Zeit abgeschlagene Ast des Nationalen pfropfen ließ. Die Sprache mochte sich zwar erhalten haben, obwohl in den kirchlichen Zellenschulen Griechisch unterrichtet wurde, die Beamten bis hin zu den Bürgermeistern Muslime waren und Türkisch sprachen, aber Sprache ist für sich allein genommen noch keine Institution. Und dort, wo sie in Bulgarien eine war, nämlich als Literatur in den Klosterbibliotheken, waren eben die Klöster die Institution, und die führten zur Kirche als einzig verfügbarer Identifikationseinheit zurück. Die Klöster aber waren mehrfach, zu Beginn der Osmanenherrschaft und dann noch einmal im 19. Jahrhundert, als die nationalen Unruhen begannen, niedergebrannt worden, sodass ein Großteil der Literaturschätze dem Feuer zum Opfer fiel. Der Mönch Païssi hatte Glück, dass er als Spendensammler für sein Kloster auf dem Berg Athos auch im späteren Rumänien und Serbien in Bibliotheken recherchieren konnte, um seine meist indirekten Zeugnisse über Bulgarien zu finden.

Die nationale Wiedergeburt begann also mit dem Versuch der Aufklärer, Bulgarien wieder zu einem eigenen Patriarchat zu verhelfen. Bulgarische Ostern heißt: Auferstehung der nationalen Identität.

Wie nötig die für ein politisches Gemeinwesen ist, solange die Bevölkerung noch nicht auf einem Bewusstseinsstand ist, auf dem ein Werte- oder Verfassungspatriotismus sich, an humanen Errungenschaften des Gemeinwesens legitimiert, über ethnische Kategorien erheben kann, das merkten auch die bulgarischen Kommunisten zu ihrer Zeit bald. Als sie die Bevölkerung nach dem Abflauen des stalinistischen Terrors nicht mehr allein mit kapitalistischen Feindbildern und Propaganda hinter sich bringen konnten, begannen sie, ihre Ideologie immer mehr mit

Nationalstolz aufzupumpen, und so mussten sie trotz ihrer antireligiösen Grundüberzeugungen ein Zweckbündnis mit religiösen Gestalten der Geschichte eingehen.

Dies war zuvor undenkbar gewesen, wie ein österlicher Vorfall veranschaulicht, den Georgi Markov (1929-1978) in einer seiner *Fernreportagen über Bulgarien* schildert. Bevor die 1944 an die Macht gelangten Kommunisten um 1970 im Sinne der Machterhaltung den Kurswechsel zum Nationalkommunismus vollzogen, bekämpften sie jede religiöse Äußerung unter Einsatz von Gewalt massiv, verhafteten Gläubige und widmeten Kirchen zu Scheunen, Schuppen und Lagerräumen um. Markov schildert in seiner Reportage aus der Zeit des ausgehenden Stalinismus, wie die Machthaber versuchten, den Besuch der Ostermesse in der Alexander-Nevski-Kathedrale zu reglementieren, indem sie nur an bestimmte Personen Einlassscheine ausgaben. In berechtigter Befürchtung eines Massenandrangs auf dem Nevski-Platz ließ sie den Raum um die Kirche von einem Kordon der Volksmiliz abriegeln. Trotz der Erinnerung an die Volksgerichtshöfe, bei denen 1945 in Schauprozessen etwa 30 000 Intellektuelle, Bürger und Angehörige der zaristischen Obrigkeit hingerichtet worden waren, wagten die Menschen zivilen Ungehorsam und ließen sich nicht einschüchtern, sondern benutzten einen kleinen Anlass – die Miliz wollte einen alten Mann nicht in die Kirche lassen –, um eine Massenkeilerei mit der Polizei loszutreten und sich den Zugang zur Kirche zu erzwingen.

Davon wollten die Parteioberen später nichts mehr wissen. Die Zensur ließ 1975 sogar ein Buch erscheinen, das den Titel *Bulgarische Ostern oder bulgarische Leiden(schaften)* trug und die These vertrat, der Kampf um ein eigenes bulgarisches Patriarchat sei Schlüsselmoment der nationalen Befreiung. Zur Erinnerung: Im Osmanischen Reich war das Christentum zwar erlaubt, aber unter *einer* Führung: dem kosmischen Patriarchat der griechischen Orthodoxie.

Der bulgarische Intellektuelle Tončo Žečev (1929-2000) begann sein Werk mit dem Satz: »Am Ostertag des 3. April 1860 führten die Bulgaren in Zarigrad (Istanbul, Anm. d. Übers.) eine Aktion durch, die einen der Gipfelpunkte in den nationalen Wiedergeburtskämpfen markieren. Schon damals schätzte Georgi Sava Rakovski (bulgarischer Befreiungskämpfer der ersten Stunde, Anm. d. Übers.) das Geschehene derart hoch ein, dass er diesen Tag zum Feiertag für den bulgarischen Kalender empfahl, der jährlich begangen werden müsse.«

Worin bestand nun diese österliche »Aktion« von 1860? In etwas sehr Einfachem: Der damalige bulgarische Metropolit Ilarion Makariopolski erlaubte es sich, während der Ostermesse in der Kirche der bulgarischen Vertreter in Istanbul, der St. Stefans-Kirche, den Namen des kosmischen griechischen Patriarchen *nicht* zu nennen, sondern stattdessen von »allen orthodoxen Bischoftümern« zu sprechen, etwas, das nur dem Kirchenoberhaupt zustand. Statt des griechisch-orthodoxen Kirchenoberhauptes nannte er den Namen des Sultans, der als Khalif formal immer noch auch religiöser Führer war. Rein rechtlich blieb Metropolit Makariopolski dadurch unbelangbar – und konnte doch zum Ausdruck bringen, dass er die Macht des griechischen Patriarchats über die bulgarischen Gemeinden nicht mehr anerkannte.

Zehn Jahre später, 1870, war der Kampf um ein eigenes Patriarchat mit Zustimmung der Hohen Pforte erfolgreich beendet. Es mag ein weiterer sprechender Zufall sein, dass der wichtigste Freiheitskämpfer in den nächsten Jahren bis zu seiner Erhängung 1873 Vasil Levski war, ein orthodoxer Pfarrer. Auch er benutzte das christliche Glaubensbekenntnis als heiligen Gründungskern für eine politisch unabhängige Kulturnation. Und ebenso wenig ist es Zufall, dass die führenden bulgarischen Freiheitskämpfer als *Apostel* bezeichnet wurden.

Nach der politischen Wende von 1989/90, als der Atheismus der meisten Bulgaren keineswegs mehr nur politisch erzwungen, sondern einfach durch Wegsterben der christlich erzogenen Alten zu einer Art gesellschaftlicher Normalität geworden war, bekam die Bulgarisch-orthodoxe Kirche trotz ihrer vorherigen Marginalisierung (und inzwischen erwiesenen kompletten Unterwanderung durch die Staatssicherheit) sofort wieder massenhaften Zulauf. Freiheit spüren, das bedeutete in Bulgarien: Reisen dürfen und eine eigene Kirche haben! Den Gottesdienst besuchen: eine politische Demonstration!

Bis heute lassen Bulgaren sich taufen, weil sie sich dadurch mehr als Bulgaren fühlen. Christsein hat etwas mit Identität zu tun, weniger mit wirklichem Glauben. Dazu sind Bulgaren in der Regel viel zu rational und erdverbunden. Identität aber wird nur dort manifest, wo sie sich zeigen kann, und das Feiern der Osternacht ist genau diese Manifestation, bei der alte Bräuche und kirchliches Zeremoniell in einer Feier der Zusammengehörigkeit aufgehen.

Der Platz vor der Nevski-Kathedrale füllt sich am Karsamstag schon weit vor Beginn der Mitternachtsmesse mit Zehntausenden von Menschen. Die Massenmystik wird Klang, wenn die zwölf Glocken der *Gedächtniskirche* (so heißt die Nevski-Kathedrale richtig: *hram-pametnik*) mit einem Gesamtgewicht von 23 Tonnen zu läuten beginnen. In der feuchten Frühlingsluft sind sie kilometerweit zu hören. Die größte und tiefste von ihnen wiegt allein zwölf Tonnen, und wenn sie zum ersten Mal schlägt, möchte man um diese späte, meist kühle und windige Karsamstagsstunde meinen, die Erschaffung der Welt werde eingeläutet. Aber dann folgt eben nicht dieses Gebimmel, wie ich es aus den evangelischen Kirchen meiner Kindheit kannte, auch nicht das Bi-Bim eines Glockenduos, sondern das Läuten war eine eigene Kunst, bei der der Glöckner an langen Seilen seine Instrumente anriss. Die Musik, die er erzeugte, war keine, die sich im Sinne westlicher Klassik auf Melodien und vergleichsweise kontinuierliche Rhythmen stützte, sondern sie baute Klangkontraste auf zwischen Klangvolumen, Klanghöhe und -tiefe, Dauer, Tempo und Häufigkeit des Anschlagens, was den Eindruck einer *musikalischen Klangrede* erweckte, die man bei ausreichender Kenntnis in eine religiöse Botschaft übersetzen konnte.

Um Punkt Mitternacht, dem entscheidenden Moment des orthodoxen Osterrituals, müssen alle Messen beendet sein. Dann treten die Priester, bei der Nevski-Kathedrale der Patriarch selbst, vor die Kirche und verkünden den Gläubigen die Osterbotschaft in kirchenslavischer Sprache: »Hristós voskrése – Christus ist auferstanden!« Die Menge antwortet ihm: »Voístina voskrese – Er ist wahrhaftig auferstanden!«

Nach diesem Auftakt folgt aus dem Mund des Priesters in orthodoxem Sprechgesang die ganze Osterbotschaft: »Hristos voskrese is mertvich, smertiju smert poprav i suštim vo grobech život darovav – Christus ist von den Toten auferstanden, mit seinem Tod hat er den Tod besiegt, und den Begrabenen das Leben geschenkt.«

Diesen Osterspruch muss kennen, wer einen bis heute geübten Ostersonntagsbrauch verstehen will: Die Menschen gehen tagsüber mit Essen und Trinken auf den Friedhof zu den Gräbern ihrer verstorbenen Verwandten, setzen sich auf die niedrige Grabeinfassung, stellen den Toten etwas zu essen und zu trinken hin, meist die typischen Osterspeisen: Rotwein, Hefezopf, bemalte Eier.

Dieser Brauch wird auch an anderen Gedenktagen wie Mariä Himmelfahrt (15. August) geübt, da in der Orthodoxie die Sache mit der unsterblichen Seele sehr ernst genommen wird und die Toten nie als völlig tot betrachtet werden. Der rührend menschliche Widerspruch, dass die Seele des Toten durch Gaben für den Leib geehrt wird, obwohl dessen sterbliche Hülle zur Nahrungsaufnahme doch gar nicht mehr zur Verfügung steht, wird durch die symbolischen Funktionen von Brot und Wein überbrückt. Es ist ein Abendmahl ohne Geistlichen.

Und was ist mit den Eiern? Nun, wenigstens eines davon muss christusblutrot gefärbt sein, damit der naturreligiöse Hintergrund von der Schale, aus der das neue Leben schlüpft, übermalt wird. Jeder, der sich in der Osternacht vor oder in einer der Kirchen befindet, um die Osterbotschaft zu hören, hat ein rotgefärbtes Ei in der Tasche, denn Freude weckt Verspieltheit, und so geht nun das große Ostereierschlagen los: Jeder auf dem Platz wendet sich zu irgendjemandem, um mit dem in einem kleinen Wettkampf zu prüfen, wessen Ei die härtere Schale hat.

Doch weder Ostereier- noch Glockenschlagen, weder die Verkündigung der Osterbotschaft noch der rührende Gang zu den Gräbern am Tage sind das eindrucksvollste Schauspiel des bulgarischen Osterfestes. Da ist auch noch die Sache mit dem heiligen Licht ...

Jedes Jahr schickt die Bulgarisch-orthodoxe Kirche einen Gesandten an das Heilige Grab in Jerusalem, um dort das Osterlicht zu entzünden. Nur dies Licht ist geweiht. Von ihm muss jedes der Millionen Lichter herkommen, das die Menschen sich auf dem Weg aus der Kirche nach Hause für die Ostertafel, die schon bereit steht, entzünden. Von diesen Lichtern der Messebesucher wiederum dürfen sich dann die, die draußen auf den Vorplätzen stehen, weil in der Kirche kein Platz mehr war, ihr Kerzlein entzünden.

Hier beginnt das Schauspiel: Tausende von Menschen strömen mit den schlanken, langen gelben Andachtskerzen, die meist des rauen Frühjahrswindes wegen in einem als Manschette benutzten Plastikbecher stecken, zuerst von den Kirchen und ihren Vorplätzen auf den Hauptwegen zusammen zu blühenden Lichterwiesen, um sich von dort dann in schmalen, von Akazien oder Linden gesäumten Sträßchen zu verzweigen wie ein Flussdelta. Der heilige

Lichterspuk, dies warm schimmernde Strömen der Seelen in einer großen, mitternächtlichen Auferstehungsdemonstration, dauert ungefähr so lang wie die Geisterstunde, und man muss kein Christ sein, um die mystische Kraft dieses von den Glocken schon angekündigten Elementarkontrastes zwischen tiefdunkler Nacht und hell flackerndem Lebenslicht zu verspüren.

Osterbräuche

Neben diesem offiziellen, politisch bedeutsamen Ostern gibt es auch noch das naturreligiöse, auf das es aufgepfropft ist. Wie in allen anderen Ländern auch, lassen sich in Bulgarien ja nicht alle Menschen unter einen Hut bringen, und so gibt es viele, die den deutschen Weihnachtsstimmungsfans sehr ähnlich sind. Für die ist Religion, vom ängstlichen Neigen des Hauptes vor der grausamen Obrigkeit einmal abgesehen, immer noch mehr das, was aus dem Boden sprießt. Die Einordnung in den Kirchenkalender ist nur Organisationshilfe.

Die Tatsache, dass in Bulgarien Ostern später stattfindet als in Westeuropa, beruht darauf, dass die Bulgarisch-orthodoxe Kirche noch immer mit dem julianischen Kalender arbeitet, obwohl der bulgarische Staat 1916 zum gregorianischen Kalender übergewechselt ist und auf den 30. März gleich den 14. April folgen ließ – übrigens eines jener kaum bemerkten, geschweige denn hervorgehobenen Indizien, die zeigen, dass Bulgarien sich wieder als Teil der politischen Geschichte Europas fühlte.

Die Osterzeit beginnt in Bulgarien – wie bei den Katholiken – etwa vierzig Tage* vor dem eigentlichen Fest mit

---

* Vierzig ist die Zahl der Prüfung, Bewährung, Initiation bzw. für den Tod. Als die verzehnfachte Vier repräsentierte sie Vollkommenheit. Im Neuen Testament lehrte der auferstandene Christus seine Jünger vierzig Tage lang über das Reich Gottes und wurde dann im Himmel auf den Platz

einem *carne vale*, einem Abschied vom Fleisch. Der Karneval als großes Volksbacchanal fehlt allerdings.

Vielleicht hängt ja der Abschied vom Fleisch auch damit zusammen, dass die eingemachten Bestände aus der Weihnachtsschlachtung um diese Zeit immer aufgebraucht waren und man warten musste, bis die Osterlämmer schlachtreif waren? Jedenfalls gehen die Bulgaren sanft vor und vollziehen den Abschied vom tierischen Essen in zwei Etappen.

Die erste Etappe heißt *Mesni Zagovesni* und findet eine Woche vor Fastenbeginn statt. Da wird zum letzten Mal Fleisch gegessen. Der Sonntag, der das Fasten einläutet, heißt *Sirni Zagovesni*. *Sirene* heißt wörtlich übersetzt *das Geronnene* und meint den Käse. Da werden dann zum letzten Mal Milchprodukte und Eier gegessen, aber auch tierische Fette insgesamt. Die Ernährung in der Fastenperiode bis Ostern soll also *vegan* sein. Am Karfreitag, dem Tag der Kreuzigung Christi, ist aus Respekt vor dem Kreuzestod gar nur Wasser erlaubt. Da die Fastenzeit auch verstanden wird als *innere* Reinigung, gibt es an Sirni Zagovesni am gemeinsamen Abendtisch einen schönen Brauch – *Proška:* Alle bitten einander um Verzeihung, zum Zeichen, dass sie wirklich bereuen und bereit sind, zu Ehren des Erlösers sich von Sünde zu reinigen.

Ein Spaß für Kinder ist der Brauch, einen Klumpen *Halva,* weißen türkischen Honig mit Walnüssen, an einen Faden zu binden, diesen schaukeln zu lassen, und die Kinder müssen den Klumpen hüpfend mit dem Mund fangen, Hände brav hinter dem Rücken.

Nächste wichtige Station ist der Palmsonntag. Das ist der letzte Sonntag vor der Kreuzigung, der Tag, an dem

---

»zur Rechten Gottes« erhoben (Christi Himmelfahrt). Im Christentum währt daher die Freudenzeit von Ostern bis Himmelfahrt vierzig Tage. Das vierzigtägige Fasten Jesu hat außerdem Bedeutung für die Spanne der Fastenzeit vor Ostern bzw. Weihnachten (Advent).

Jesus unter dem Jubel der Menschen in Jerusalem eingezogen sein soll. Zum Zeichen, dass sie den Mann auf dem Esel als König anerkannten, sollen sie Palmzweige über ihn gehalten haben, die die Königswürde symbolisierten. In Bulgarien heißt der Palmsonntag mangels Palmen *Tsvetnitsa,* etwa mit *Aufblühfest* zu übersetzen, vielleicht wegen seiner Nähe zum Frühlingsanfang. Da die Menschen an diesem Tag frisch ergrünte *Weidenzweige,* manchmal zum Kranz gewunden, an ihre Türen heften, damit über die Schwelle des Heims nur blühendes Leben, Frucht und Fülle kommen, wird oft auch die Bezeichnung *Vrăbnitsa – Weidenfest* verwendet.

Eine ähnliche Vermischung gibt es am Palmsamstag, der, da Christus an diesem Tag Lazarus vom Tode auferweckt haben soll, in Bulgarien *Lazarustag* heißt. Da gehen junge Frauen, Lázarki genannt, in ihren Festtrachten hinaus, pflücken Blumen und winden sie zu Kränzen. Dann klappern sie die Häuser ihres Dorfes ab, singen Lieder und sprechen Segenswünsche für Gesundheit, Glück und reiche Ernte aus. Der Wirt des Hauses gibt ihnen, was er hat: mal Geld, mal Eier, Früchte oder kleine Geschenke.

Natürlich ist dieses Umgehen der Mädchen auch ein großes Schaulaufen der Unverheirateten. Ganz im Sinne des Rades der Fruchtbarkeit, das sich im Frühjahr wieder zu drehen beginnt, nutzen die Junggesellen diesen Tag, um um die Hand ihrer Auserkorenen anzuhalten. Daher entspricht es wohl eher einer praktischen Erfahrung als einem Aberglauben, wenn man sagt: Ein Mädchen, das keine Lazarka gewesen ist, das findet auch keinen Mann. Eines der Lieder singt ganz offen:

Wir haben gehört, dass es hier, Lazarus,
ledige Burschen und Maiden gibt, Lazarus!
Na, den Burschen verheiratet mal, Lazarus,
und die Maid lasst sich verloben, Lazarus!

Dies alles sind Bräuche, die eine ungebrochene Traditionslinie zurück zur Antike zeigen. So wie die Idee der Auferstehung entstand aus dem Glauben an eine unsterbliche Seele, die das Sein verkörpert im Gegensatz zum Werden und Vergehen, bevor das Christentum seine Auferstehungsgeschichte schrieb, war auch das, was die christlichen Gründerväter zum Osterfest machten, vorgebildet im vorklassischen Griechenland mit den nahe dem Olymp gefeierten Adonis-Frühjahrsmysterien, die ihrerseits sich anlehnen an den nahöstlichen Ishtarkult.

Bei den Adonis-Mysterien wird das Verschwinden des Adonis, der als Symbol des blühenden Lebens galt, in die Unterwelt beklagt, Tage später wird seine Wiederkehr aus dem Hades, seine Auferstehung, gefeiert. Leiden, Tod und Auferstehung, diese drei sind das Vorbild der Heiligen Dreifaltigkeit.

Und die Ostereier?

Zwar gibt es in Bulgarien nicht den Brauch, die Kinder am Ostersonntag bunte Eier suchen zu lassen, es gibt aber in Bulgarien ein regelrechtes Ostereier-Kunstgewerbe. Eine der stillen Attraktionen Bulgariens sind die Ausstellungen handbemalter Eier vor Ostern, meist gar nicht in Museen, sondern in Festzelten, die zu diesem Anlass auf Plätzen zeitweilig aufgestellt werden. Würde man sich über ein spezifisch bulgarisches Kunstverständnis Gedanken machen, so müsste man angesichts der Bedeutung der Volkskunst hier nicht nur Ikonen und Näherei, sondern auch diese kleinen Meisterwerke der schönen, ornamentalen

Linienführung ins gehobene Kunsthandwerk einschließen müssen.

In jedem Osterkörbchen aber muss mindestens ein rein rotes Ei liegen, als Respektsbezeugung vor dem Blut, das Christus für die Menschen vergossen hat. Wie der Hase das Ostersymbol der katholischen, so ist das rot bemalte Ei das Ostersymbol der orthodoxen Kirche.

Rundbrot, Stroh und Weihnachtssänger
Das Weltbild der alten Bräuche

Auf der Suche nach *bulgarischer* Weihnacht wurde ich an eine Frau verwiesen, die sich viel mit Traditionen beschäftigte und an der Universität unterrichtete. Wie so oft in Bulgarien erlebte ich auch diesmal, dass selbst zu Familienfesten ein Gast immer zugelassen war, und so hörte ich erfreut, dass ich am Morgen des ersten Weihnachtsfeiertages zu ihr kommen, den Heiligabendtisch in Augenschein nehmen und alles fragen durfte, was für mich von Interesse war. Sie sagte mir am Telefon, sie würde den Tisch ohnehin nach altem Brauch über Nacht so stehen lassen, Erklärungen dann mündlich. Ich schnappte mir also mein Diktafon und machte mich auf den Weg.

»Dieser bescheidene Heiligabend-Tisch«, sagte meine Gastgeberin, als wir ihr Wohn-Esszimmer betreten hatten, »gehört zu den wenigen Dingen, die von den bulgarischen Weihnachtstraditionen noch erhalten geblieben sind.«

»Und was ist an diesem Tisch so bulgarisch?«, fragte ich.

Sie zeigte auf die einzelnen Speisen.

»Alles sind, wie man sieht, fleischlose Speisen: Heiligabend ist der letzte Tag des Adventsfastens. Fleisch darf erst nach der Weihnachtsschlachtung zum eigentlichen Fest, also am 25. Dezember, auf den Tisch kommen.«

»Heißt Weihnachten deshalb in Bulgarien *koleda?*«, fragte ich.

Meine Gastgeberin lächelte überrascht und amüsiert. »Wie kommst du denn darauf?«

»Nun ja«, begann ich, »ich habe es von Natur aus mehr mit dem assoziativen als dem logischen Denken, und da das Verbum *kolja* schlachten, abstechen heißt und Weihnachten traditionell ein Schwein geschlachtet wird, könnte doch bei einem Bauernvolk wie den alten Bulgaren koleda das *Fest der Schlachtung* sein? Immerhin hängt von dieser Schlachtung ein Großteil der Ernährung für den ganzen folgenden Winter ab.«

In die überraschten Gesichtszüge meiner Gastgeberin mischte sich der Ausdruck eines Menschen, der fieberhaft in seinen Unterlagen nach einem bestimmten Dokument kramt.

»Ich glaube, darauf wäre nicht ein einziger Bulgare gekommen, so nahe liegt das!«

»Ist ja auch nicht der einzige Fall«, fuhr ich fort. »Beim Verbum *zapóčvam* ist es ähnlich. Es heißt ja anfangen. Der Stamm des Verbs, *póčva,* heißt aber als Substantiv *Ackerboden,* und da dachte ich mir: Ist doch klar, für einen Bauern ist der *Boden* dasjenige, worin alles *anfängt* ... «

»Ich bin absolut überfragt«, sagte meine Gastgeberin verblüfft, »das habe ich noch nicht mal beim Studium der Bulgaristik so gehört oder gelesen, aber es klingt nicht nur assoziativ, sondern sogar logisch, denn im Zentrum des Weltbildes der alten Bulgaren stand ja wirklich die Fruchtbarkeit. Unser Weihnachtstisch belegt es.«

»Entschuldigung«, unterbrach ich sie, »ich hatte dich nicht unterbrechen wollen, musste das nur endlich einmal loswerden. Da es vermutlich nur Blödsinn ist, was ich da denke: Woher kommt denn die Bezeichnung koleda für Weihnachten nun offiziell?«

»Offiziell kommt sie aus dem Lateinischen«, antwortete meine Gastgeberin, die sich von ihrer Überraschung gut erholt hatte. »Bulgarien war ja, als Christus geboren wurde, gerade Teil des Römischen Reiches geworden, und so gab es, als sich das Christentum im Imperium auszubreiten begann, natürlich auch auf heutigem bulgarischen Boden schon Christen, wie die Ruinen der ältesten Kirchen aus dem 4. Jahrhundert n. Chr. bezeugen. Die Römer nannten den ersten Tag des Monats *kalendae* (ein plurale tantum), und es wird vermutet, dass die Bezeichnung *koleda,* der erste Tag des wiederkehrenden Lichts, eine verstümmelte Form von kalendae ist.«

»Tja«, scherzte ich, »das klingt kulturgeschichtlich natürlich viel bedeutender als meine kleine Bauernschlauheit! Ich gebe mich geschlagen.«

»Gib dich auf bulgarische Weise geschlagen«, zwinkerte mir meine Gastgeberin zu, »also *tu nur so!*«

Nun musste ich lachen.

»Warum soll ich nur so tun?«

»Weil alles, was Weihnachten in Bulgarien traditionell ausmacht, viel mehr zu deiner bauernschlauen Assoziation passt als zum ehrwürdigen römischen Kalender. Das mit dem *póčva* und *zapóčvam* natürlich auch. Hier, unser bescheidener Tisch zum Beispiel, was steht denn darauf? Es steht von allem darauf, was die bulgarische Erde hergibt: Früchte – im Winter natürlich als Trockenobst, dazu Getreide, Gemüse und Lauch, Gewürze, Nüsse und Beeren.«

»Und was ist daran so Besonderes?«

»Die Zahl der vorhandenen Speisen muss laut Tradition immer *ungerade* sein, aber mindestens *sieben* betragen.

Ungerade steht für unvollkommen und unvollständig, so wie eben der Mensch ohne göttlichen Beistand unvollkommen ist. Der Mensch hat auch ein Herkommen, und so wird immer ein Platz für die toten Vorfahren mitgedeckt, die laut Volksglauben zu Weihnachten, dem Tag, an dem ja auch das Licht wiederkehrt, gleichsam ›auferstehen‹, zu Besuch aus der Unterwelt kommen. Eines der Rituale ist, dass ihnen, wenn die ganze Familie um den Tisch versammelt ist, etwas auf den Teller getan und etwas zum Trinken aus ihrem Glas auf den Boden gegossen wird. Heute kann das nur Wasser sein, wegen der Teppiche; früher aber war es Wein, denn da waren ja die Böden im Haus aus gestampftem Lehm. Damit die Toten in Ruhe ihr Festmahl einnehmen konnten, wurde der Tisch über Nacht stehengelassen. Auch das Feuer im Herd oder im Kamin durfte nicht ausgehen. Darum brachte der Hausherr früher einen dicken Scheit aus Buchen- oder Birnbaumholz mit, der *Bădnik* hieß, schwer zu übersetzen, vielleicht mit *Adventsholz.* Das Wort hat die Bedeutung von *Sein-Werder, Werden-das-wird, eintritt, sich erfüllt* – eben Ankunft. Die Asche wurde aufbewahrt, denn sie galt, vielleicht wegen der Erfahrung der Düngung durch Abbrennen der Stoppelfelder, als fruchtbringend, bei Menschen im übertragenen Sinne auch als heilkräftig.«

»Á propos Stoppeln: Ich habe mal gelesen, zu Weihnachten wurde der Boden mit Stroh bedeckt, und die Leute setzten sich auf den Boden. Stimmt das?«

»Das Stroh bildet das Ende der Fruchtbarkeitskette, und durch das Ausbreiten auf dem Boden wurde es symbolisch zum Anfang umgewidmet. Die Poesie der alten Zeiten bestand ja in einem zyklischen Zeitverständnis und einer schönen Durchlässigkeit zwischen den Lebensformen. Wir heute sehen eine logisch aufsteigende Evolutionslinie von der unbelebten Natur über die Pflanzen zu den Tieren und von da zum Menschen, aber das war früher noch nicht so.

Damals konnte sich alles in alles vor- und zurückverwandeln. Menschen mit Vogelköpfen symbolisierten das Auffliegenkönnen des Geistes zum Himmel, zu den Göttern; Menschen mit Tiermasken, die *Kúkeri*, waren der Versuch, böse Geister an Schrecklichkeit zu überbieten und sie zu vertreiben, bevor die Vegetationsperiode begann und sie Schaden anrichten konnten.«

»Aber was hat das mit dem Sitzen auf dem Boden zu tun?«

»Moment, ich komme gleich darauf! Die Menschen breiteten die Tafel früher ja nicht einfach nur so auf dem Boden aus, weil sie keinen Tisch hatten, sondern weil sie an diesem Abend zu Pflanzen wurden.«

»Wie bitte? Ist ja irre.«

»Ja, sie verkörperten symbolisch die Verbindung zwischen dem Stroh, also dem *geernteten* Getreide, und dem Getreide vom nächsten Jahr. Das Brechen des Brotes durch den Ältesten, mit dem das Mahl begann, stand daher einerseits für das Abendmahl, andererseits für das Weitergeben. Dabei musste an alle gedacht werden: Erst bekamen die Toten einen Bissen, dann reihum jeder, der um den Strohtisch saß, und ein Rest wurde abgeteilt für das Vieh. Während des Mahls durfte niemand aufstehen, denn das Essen symbolisierte die Zeitspanne, in der sich der Keim in der Erde nährt. Erst wenn das Essen beendet war, fassten sich alle an den Händen und standen gemeinsam auf. Sie waren in diesem Moment Getreidehalme, und ihr gemeinsames Aufstehen versinnbildlichte das Wachstum und die Fülle des Getreides, das sie sich im neuen Jahr auf dem Kornfeld erhofften.«

»Das alles ist ja für einen Menschen von heute wirklich sehr weit weg«, warf ich ein.

»Ja, irgendwie schade«, sagte meine Gastgeberin.

»Die ganze Magie, die ganze Poesie ist weg«, stimmte ich zu.

»Man darf das aber auch nicht verklären«, bremste meine Gastgeberin den bekannten Drang des protestantischen Romantikers, katholisch, wenn möglich gar archaisch zu werden. »Tradition heißt ja im Grunde zweierlei: Sie ist eine seltsame Verbindung aus Abhängigkeit von dem, was die Erde hergibt, und der Angst, dass die Erde genau dies in schlechten Jahren eben nicht tut – wegen Dürre, Überschwemmung, Heuschreckenplagen, Mehltau und anderen Schädlingen wie Nagetieren, Insekten, Wildschweinen usw. Daher werden in traditionellen Festen in Form von Beschwörungen, die starke Züge dankbarer Erleichterung tragen, alle Früchte, die das Jahr gegeben hat, auf der Festtafel vereint vorgezeigt, und die Angst vor der schrecklichen Ungewissheit findet Ausdruck im Aberglauben. Die einzige Form, mit der Angst fertigzuwerden, sind Rituale. Schaut man sich die bulgarischen Volksbräuche an, nicht nur die weihnachtlichen, so wird man finden, dass sie alle auf ein und dasselbe abzielen: Sie beschwören Fruchtbarkeit, und um die Götter, von denen diese abhängt, nicht zu verstimmen, wird Dankbarkeit für das bezeugt, was sie gegeben haben. Das ist sicher in allen traditionellen Kulturen, nicht nur in der Bulgarischen so, aber hier findet man es in besonders rein ausgeprägter Form. Die Verbindung von Angst, Hoffnung und Dankbarkeit ist letztlich bis heute der Kern unserer Religiosität. Man kann sagen: für Bulgaren ist Glauben Hoffen, und das Brot von morgen die eigentliche Religion. Darum ist es auch so wichtig, dass das erste, was die Hausherrin am Morgen des *Bădni večer,* des Werde-Abends, wie der 24. Dezember in Bulgarien heißt, tun muss, eben Brotteig kneten ist. Daraus macht sie dann – wieder ein Symbol für den Kreislauf der Natur – die *kolátsi* oder *kravái,* also Teigringe. Für die Koledári ...«

»Wer oder was sind die denn nun schon wieder?«

»Das sind die Weihnachtsburschen – ausgleichende Gerechtigkeit sozusagen. Am Lazarustag vor Ostern gingen die jungen Mädchen von Haus zu Haus, um gute Wünsche zu singen, und am Heiligabend waren die jungen, möglichst unverheirateten Männer an der Reihe. Die kamen um Mitternacht, also genau an der Schwelle zu Weihnachten, zu zehnt, *kúda* genannt. Der älteste von ihnen sagte die Sinnsprüche auf, zwei andere sangen zum Dudelsack, und am Ende bekam jeder von ihnen einen Teigring und was sonst noch so im Haus war. Natürlich achteten auch hier die Burschen darauf, dass sie im Haus, in dem das Mädchen wohnte, das sie heiraten wollten, den Teigring von ihr überreicht bekamen ...«

»Ja, so etwas lässt sich in heutigen Städten gar nicht mehr praktizieren«, seufzte ich.

»Darum ist ja auch nur so wenig von diesen Traditionen übrig«, erwiderte meine Gastgeberin achselzuckend. »Außerdem haben Städte im Grunde die Tendenz, die ganze Nachtseite des Lebens zum Verschwinden zu bringen, nicht nur wegen der Straßenbeleuchtung, nein, auch die Latenzphasen und Schattenperioden stören nur noch die rationalisierten Abläufe.«

»Was für Schattenperioden?«

»Zum Beispiel die *mrăsni dni*, die zwölf ›unreinen Tage‹ vom 25. Dezember bis zum 6. Januar. Das ist so eine Zeit der Schatten. Alles ist unsicher, es sind die dunkelsten Tage des Jahres, und es ist die Zeit zwischen Jesu Geburt und seiner Taufe im Jordan. Gleichzeitig ist es genau der Abstand zwischen gregorianischem und julianischem Kalender, so dass es ein gewisses Durcheinander gibt, wann eigentlich das neue Jahr beginnt. Das Volk glaubte früher, an diesen Tagen seien die Dämonen besonders aktiv, und es sei daher besser, nach Einbruch der Dunkelheit nicht hinauszugehen. Es durfte auch nicht gewaschen werden, vielleicht, weil das ja auch draußen geschah, und man dabei Wasser schmutzig machte. An Epiphanias, bei uns eben Jordanstag, endete dann der ganze Spuk, und die Taufe

Jesu im Jordan wurde bei uns nachgestellt durch einen Wettkampf junger Männer. Der Pfarrer wirft am Morgen ein Kreuz in den nächsten Fluss, und die Burschen springen ins eiskalte Wasser und tauchen danach. Wer es findet, ist der Sieger.«

»Ich finde, auch wenn das einer vergangenen Welt angehört, lohnt es sich doch, das alles heutigen Menschen zu erzählen, weil es eine Dimension unseres Gemüts zeigt, die sonst brach liegt. Aber was mir doch auffiel, während du erzählt hast: Gibt es wirklich keine Gemeinsamkeiten mit dem Weihnachten, wie ich es kenne, so mit Adventskranz, Tannenbaum, Weihnachtsmann, Bescherung und Christkind?«

»Wie sollte es? Eure Weihnacht, so wie ihr sie feiert, ist doch auch erst im 19. Jahrhundert entstanden, also im bürgerlichen Zeitalter, und ein solches hatten wir nicht. Wo sollten in einer bäuerlichen Welt die Geschenke für die Kinder herkommen? Sicher gab es Geschenke, aber eben für die Koledari – und das waren dann vielleicht außer den Teigringen noch Socken oder Handschuhe! Und der Weihnachtsmann? Der ist doch ein falsch verstandener St. Nikolaus, und der hat seinen Tag nicht Weihnachten, sondern am 6. Dezember. Weil der Bischof der Hafenstadt Myra aus dem 4. Jahrhundert ein Schiff gerettet haben und mildtätig gewesen sein soll, ist er bei uns der Schutzherr der Seeleute und Fischer, und so essen wir Fisch am Nikolaustag. Die Coca-Cola-Company fand aber 1931, dass der spendable Alte mit seinem Mantel in den Firmenfarben Rot und Weiß ganz gut passte, um den Absatz zu steigern, und so wurde ein Zeichner beauftragt, ihn so zu malen. Diese ganze Legende mit Lappland, dem Schlitten und den Rentieren, die durch die Luft sausen und den Leuten durch die Kamine Geschenke bringen, ist nur eine Werbekampagne.«

»Und was ist mit *Djado Mraz*, dem Väterchen Frost? Ist der nicht das Pendant zum Weihnachtsmann?«

»Ja, da ist was dran. So beliebte Volksfeste wie Weihnachten sind eine harte Nuss für Atheisten. Die kommunistischen Funktionäre, die laut Ideologie alles Religiöse als ›Opium fürs Volk‹ verdammen mussten, haben sich deshalb die platte Tatsache zunutze gemacht, dass der Weihnachtsmann einen roten Mantel trägt. Er trägt natürlich rot, weil er Kommunist ist! Sie tauften ihn in *Djado Mraz – Väterchen Frost* um und verlegten Weihnachten auf Neujahr. Bis heute herrscht eine gewisse Verwirrung, wann man nun die Glücksbringer in die Festtagsbanitsa tun soll, zu Weihnachten oder zu Neujahr.«

»Aber wie ich sehe, schreitet die Angleichung an den Westen rasant voran. Als ich nach Bulgarien kam, sah ich im Advent die ersten Weihnachtsbäumchen, klein und mit mageren Zweigen, als wollten sie die Wirtschaftslage veranschaulichen, und mangels Geld war selbst in den Innenstädten alles düster, keinerlei Weihnachtsgirlanden, nichts. Heute machen die Deutschen im Park vor dem Nationaltheater einen Weihnachtsmarkt, der Weihnachtsmann ist allgegenwärtig, die Geschenke sind das Wichtigste – es ist inzwischen nichts Bulgarisches mehr übrig außer diesem Tisch, an dem wir sitzen.«

»Nun ja«, besänftigte meine Gastgeberin meinen überraschend wiederaufgeflammten bulgarischen Patriotismus, »wer etwas über bulgarische Weihnachten wissen will, der kann ja bald den Text lesen, den du nach unserem Gespräch verfassen willst.«

»Eine letzte Frage noch«, hob ich die Hand.

»Ja?«

»Welches ist das beliebteste Weihnachtslied der Bulgaren?«

»*Stille Nacht, heilige Nacht* natürlich.«

Ich hatte es mir denken können, aber meine Assoziationskraft war nach all diesen Details einer reichen Tradition vollkommen überfordert.

»Na denn: Frohe Weihnachten«, sagte ich und stand mit gemischten Gefühlen auf.

Auf einmal leuchtete das Gesicht meiner Gastgeberin so komisch. Ich musste an das Adventsholz denken, das auch am Ersten Weihnachtsfeiertag noch glühte.

»Wenn Sie es mir einmal auf Deutsch vorsingen würden …«

Ungläubig starrte ich sie an. Ihr Gesicht hatte einen seligen Ausdruck angenommen. Doch statt in einen Getreidehalm, wie erwartet, hatte sich die kundige Dozentin zu meiner Überraschung in eine Schülerin verwandelt. Daher wohl auch das plötzliche *Sie!* Nun faltete sie gar bittend die Hände.

» … Sie dürfen Sie sich dann auch einen Teigring nehmen.«

Was sollte ich machen? Diese Frau sah in mir den ersten deutschen Weihnachtsburschen-Botschafter in bulgarischer Mission. Also nahm ich Haltung an – und sang!

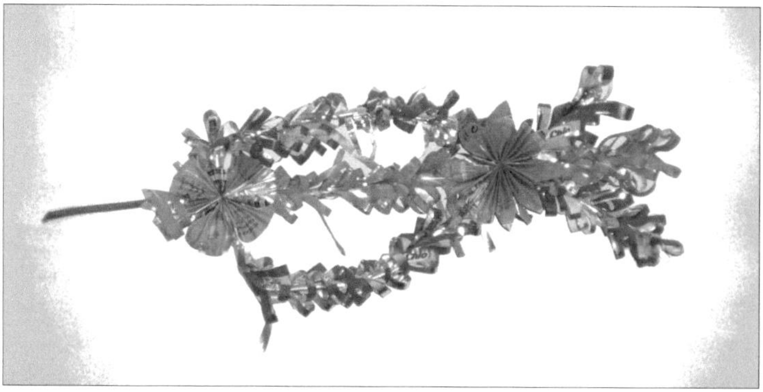

Untraditionelle Neujahrsrute

Traditionelles Neujahrs-Sprüchlein für die Kinder

Surva, surva godína,
Vesela godina!
Goljam klas na niva,
červena jabălka v gradina,
žălt mamul na lesa,
goljam grozd na lozá,
pălna kesija s pará.
Živo, zdravo dogodina,
dogodina, do amina!

Klopfe, Neujahr, klopf an,
froh sollst du werden!
Bring dem Acker große Ähren,
rotbackige Äpfel dem Garten,
den Beeten gelben Mais,
dicke Trauben dem Weinberg,
einen Beutel prall voll Münzen.
Gesund und munter ins neue Jahr,
neues Jahr, werde wunderbar!

Abbildung Seite 125:
Neujahrsrute, geschmückt mit Chipstütenfolie in rot, grün und blau

Chipstüten gehören zu den eher bunten Verpackungen. Aber würde deshalb jemand auf die Idee kommen, sie als Bastelmaterial zu verwenden? Sicher nicht. Aber wo gibt es denn auch diesen Brauch mit den Neujahrsruten?

Feuerwerke und Silvesterkracher haben sich durchgesetzt als Mittel, die bösen Geister zu vertreiben, die in der Finsternis zwischen den Jahren ihr Unwesen treiben.

Aber – eine kluge Hexe muss wohl eines schönen Tages in grauer Vorzeit auf die Idee gekommen sein, dass es rein böse und rein gute Dinge auf Erden nicht gibt, und dass man – wie es dann zum (bulgarischen) Sprichwort wurde – versuchen muss, aus allem Schlechten etwas Gutes zu machen. So auch aus der Rute, dem Schrecken der Kinder!

Schrecken der Kinder? Genau, hier muss die Umkehrung ansetzen: Wenn die Rute helfen soll, böse Geister aus dem Leib zu klopfen, müssen dies jene tun, die sonst damit geprügelt werden, die Kinder. Die mögen zwar Streiche begehen, sind aber, da sie noch kein Bewusstsein vom Bösen haben, seelisch unschuldig. Deshalb müssen sie die Erwachsenen mit der Rute hauen, nicht umgekehrt: Sie müssen den Erwachsenen das Böse aus dem Leib klopfen, damit die das neue Jahr rein beginnen können.

Die Rute darf aber nicht hart sein, sondern sie soll weich und biegsam sein und sich mit Hoffnungen auf ein gutes, und das hieß immer: ein fruchtbares neues Jahr verbinden, in dem die guten Geister regieren. Darum wird für die Neujahrsrute der Kornelkirschzweig verwendet, der bis zur Weihnachtszeit schon Knospen getrieben hat. Von diesen Knospen werden einige als Glücksbringer auch in die Festtags-Banitsa getan.

So führt man das Alte mit dem Knospenden zusammen und symbolisiert so den Kreislauf der Natur. Dazu passt auch, dass man die biegsamen Zweige der Kornelkirsche für die Neujahrsrute, die *Sur-vaknitsa,* nach innen biegt und so festbindet. Grün wie die Tanne, deren Immergrün für die Hoffnung auf das Wiedererwachen der Natur steht, ist der Kornelkirschzweig allerdings nicht. Darum wird er geschmückt mit allem, was der Haushalt an Dekorativem hergibt: Mit naturweißen und rot gefärbten Wollfäden, mit Maiskörnern, die nach dem Platzen irgendwie weißen Blüten ähneln, und mit *Ošáv,* Trockenobst. Der Rest variiert von Dorf zu Dorf, Region zu Region: Schleifenbänder, Krepp, bunte Perlen, Stanniol ...

Und da wären wir wieder bei den Chipstüten, die die Idee der Neujahrsrute revolutionär von der alten landwirtschaftlichen Fruchtbarkeitssymbolik auf die neue, industrielle Produktionssymbolik umsetzen. So etwas konnte vielleicht nur Menschen einfallen, die entweder ziehende Handwerker oder Leibeigene der Fürsten gewesen waren, nie aber Bauern: den Zigeunern. Sie, die gezwungen waren oder auch nur daran gewöhnt, alles, was andere für verbraucht halten, auf seine Wiederverwendbarkeit hin zu prüfen, sehen nicht so sehr auf die Fruchtbarkeitssymbolik, die der Neujahrsrute und ihrem Zweck, dem Ausklopfen des alten Jahres und eventuell eingedrungener böser Geister, ja nur zusätzlich aufgebürdet ist, und schneiden die Chipstüten in lange Streifen, legen sie längs in der Mitte zusammen und schneiden noch einmal im Abstand von einem halben Zentimeter tief ein. So entstehen bunte Schleifen, die an Rüschenärmel erinnern. Die beiden nicht eingeschnittenen Ränder werden um den Kirschzweig geklebt, bis alles bedeckt ist, und so erhalten wir leuchtend bunte Ruten, die vor allem eines sind: Ein im tief stehenden Sonnenlicht des Winters glitzernder Gegensatz zum Schwarz der längsten zwölf Nächte des Jahres.

Fast leerstehendes »Biznes Tsentăr – Geschäftszentrum«, sonst alles auf Trabi

Foto auf Seite 123:
Hochhaus als Geschäftszentrum in spe mit Trabi passé in einem Schlafstadt-Viertel von Sofia, 2001

Der Staat als Diener der Staatsdiener

Als Todor Živkov, seit 1954 starker Mann an der Spitze Bulgariens, am 10. November 1989, einen Tag nach dem Fall der Berliner Mauer, öffentlich von allen seinen Ämtern zurücktrat*, entstand ein Machtvakuum, das den hochgradig zentralisierten Staates sofort in Substrukturen zerfallen ließ. Die schwarzen Geschäfte, vor 1989 zur Abwendung des drohenden Staatsbankrotts mit Waffen und Drogen betrieben und gesteuert, aber über Scheinfirmen im Ausland sowie Export-Import-Firmen abgewickelt, wurden nun Gegenstand von Verteilungskämpfen unter den bisher bloß Beauftragten, die ihre Einflusssphären sofort zu separieren, zu verteidigen und auszubauen suchten.

Die Beamten und Angestellten staatlicher Institutionen – von den Ministerien bis hinab zu Bezirks- und Gemeindeverwaltungen –, die bislang sichere eigene Budgets hatten und ebenso sichere, aber niedrige Einkommen, mussten im Wende-Chaos zusehen, wie sie sich über Wasser hielten, und da ihre höchste Trumpfkarte der Einfluss auf die Vergabe öffentlicher Aufträge war (Und in einer Staatsverwaltungswirtschaft sind alle Aufträge öffentlich!), wurde aus dem bisherigen System der Vetternwirtschaft und des gegenseitigen Händewaschens nun offene Korruption.

Behilflich war ein in der ziellosen Demokratisierung mit seinen zahlreichen juristischen Neuerungen zunehmendes Gesetzeschaos, das die Zuständigkeiten der Ämter und

* Gleichgültig im Grunde, ob die Anweisung hierzu aus Moskau kam, es einer der rivalisierenden Gruppierungen innerhalb der BKP gelungen war, eine ausreichende Mehrheit der kommunistischen Parteimitglieder hinter sich zu bringen,oder ob – beides kombiniert – eine Gruppierung im Auftrag Moskaus die BKP-Mitglieder gegen Živkov mobilisierte.

Ministerien nicht eindeutig regelte. Die Einhaltung eines Gesetzes war nicht selten mit der Übertretung eines anderen verbunden. Das eine Amt erteilte zum Beispiel seine Genehmigung nur, wenn der Stempel einer anderen Behörde vorlag; diese drückte ihn aber nur dann aufs Dokument, wenn vorher die Genehmigung des ersten Amtes vorlag. Durch dieses Dilemma entstand für die Bürger, die ihre Anliegen in bestimmten Fristen lösen mussten, aber nicht konnten, der Druck, »ein bisschen nachzuhelfen«; für die Staatsdiener wiederum eröffnete sich hier eine Grauzone, in der sie nach Belieben Gesetzesübertretungen feststellen und Strafen verhängen konnten oder eben nicht.

Die kommunistische Führung, die Bulgarien von 1944-1989 regierte, kann nun insofern als Mafia verstanden werden, als sie zwar ideologisch gegen Monarchie, Feudalismus und bürgerliche Besitzstandswahrung durch Erbfolge eingestellt war, bald aber, da sie keineswegs auf große Gefolgschaft bei den Bulgaren stieß, selbst begann, Vertraute, Verwandte, sichere Gefolgsleute in Machtpositionen zu bringen, um so ihre Macht zu sichern. Als einziges Mittel, das Risiko des Verrats auf ein Minimum zu reduzieren, erwies sich die Methode, die Vergabe von Posten an die Ausführung krimineller Vergehen im Dienste der Partei zu koppeln, damit gegen jeden hohen Funktionär etwas vorlag, das im Notfall gegen ihn verwandt werden konnte.

In einer Erzählung mit dem Titel *Der Schutzengel deines Lebens* machte der bulgarische Autor Stojan Vălev auf diese Form gewaltsam usurpierter Macht aufmerksam. Smokov (wörtlich: Schlange), ehemaliger Aufseher im gefürchteten Straflager für Politische auf der Donau-Insel Belene, sagt darin zu Gergov, einem ehemaligen Häftling (der überlebt hat, weil seine Frau, der »Schutzengel«, andere dafür ans Messer geliefert hat): »›Wir waren Soldaten, Gergov! Und wir gingen vor, als wäre Krieg! Du weißt, wie das ist: wenn du nicht selber schießt, dann *wirst* du erschossen. Wenn nicht vom Feind, dann von dem in deinem Rücken, der zu beobachten hat, ob du deine Befehle auch ausführst.‹ ›Aber es war kein Krieg‹, wehrt sich Gergov. ›Doch, doch‹, widerspricht Smokov, ›es war Krieg, der reinste Krieg! Wir, *eine Handvoll Leute*, gegen das *gesamte eigene Volk*. So war das. Was meinst du denn, wie wir anders unsere Macht hätten errichten können? Mit geduldiger Überzeugungsarbeit? Geh mir weg damit! Das ging nur mit der Waffe in der Hand ...‹«

Das, was im Westen als *plötzliches* Auftauchen mafiotischer Strukturen nach 1989 wahrgenommen wurde, ist also nur ihr Zutagetreten, wie Vladimir Zarev dies in seinem Roman *Verfall* beschreibt. Dort entwickelt er die Figur einer grauen Generals-Eminenz, Träger des wichtigsten Insigniums wahrer Macht: des von Schweigen umgebenen Wissens um die Wahrheiten hinter der Propaganda.

Dieser Mann lässt sich unmittelbar nach dem Fall der Berliner Mauer die Dossiers all jener Mitarbeiter bringen, die durch besondere Unauffälligkeit aufgefallen sind. Seine Wahl fällt auf Bojan Tilev, einen vierzigjährigen Mann, der in Moskau Regie studiert hat, aber mangels Talent als kleiner Propagandafotograf im Leutnantsrang auf einer zehntklassigen Dienststelle hängengeblieben ist. Er zitiert ihn zu sich. Tilev wundert sich: »Für eine Entlassung hätte es doch genügt, wenn mich mein unmittelbarer Vorgesetzter zu sich beordert hätte?« Entlassen wird er in der Tat, aber mit höherem Auftrag: Der General prüft Tilev bei einer Einladung auf seine Datscha auf seine Eignung. Dort gibt er ihm auf einem abhörsicheren Spaziergang durch die Natur zu verstehen, dass er *eine* Frage stellen dürfe, und es müsse *die richtige* Frage sein. Tilev, dem klar ist, dass es hier um seinen Kopf geht, beweist einen guten Riecher. »Also gut«, sagt er, »ich will Sie nicht fragen, wem Sie die Macht übergeben werden, sondern: *Wie und womit werden Sie sie halten?*« »Bravo!« antwortet der General.

Damit beginnt Tilevs Aufstieg zum Wende-Milliardär im Auftrag der im Verborgenen weiterhin aktiven Staatssicherheit. Denn der General hatte, wenn auch angewidert, begriffen, dass es mit Sabotage und Verunsicherung der Bevölkerung durch das brutale Wende-Chaos allein nicht getan war. Wer die Welt regierte, das war inzwischen auch im Osten klar geworden: *das Geld.* Machterhalt bedeutete: zu Geld kommen mit allen Mitteln: Ob man nun Getreide und Benzin an die kriegführenden Nachbarn im Westen verkaufte, Drogen, Alkohol und Zigaretten schmuggelte – wichtig war, dass die »Privatunternehmer«, die den Kopf hinhielten, zu einem strategisch günstigen Zeitpunkt einen Großteil der angehäuften Reichtümer abzuliefern hatten.

In Zarevs Roman scheitert die Geschichte daran, dass sich der brave Leutnant, der sich »in höherem Auftrag« zum skrupellosen Geschäftemacher entwickelt, schon bald so verhält, als wäre er der Nationalökonomie Adam Smiths entsprungen: Er wird eigennützig und ist daher auf einmal an der staatlichen Wohlfahrt interessiert. Ja, er, der von den anarchischen Zuständen der Wendejahre und der »Lizenz zum Töten« der volkseigenen Staatsbetriebe profitiert hatte, sehnt sich auf einmal nach rechtsstaatlicher Ordnung; nicht für sich selbst, nein, für sein Geld. Das Geld selbst, so wird ihm klar, braucht sichere Rahmenbedingungen, um arbeiten zu können. Und so war es letztlich der vom Kapital ausgehende Ordnungsdruck, der die Macht der Kommunisten brach. In der Realität wurden Tilevs ordnungspolitische Sehnsüchte zum Teil erfüllt, als die Regierung 1997 mit der Einsetzung eines Währungsrates, der den Kurs der bulgarischen Währung an die D-Mark koppelte, die makroökonomische Entwicklung Bulgariens an die globalen Finanzmärkte anschloss.

War all das wirklich so vorgesehen? Živkovs Rücktritt sollte *eigentlich* – ganz nach Art der sowjetrussischen Tradition der *Tschistki*, der jedem Wechsel an der Spitze des

Staates folgenden *Säuberungen* – nur eine weitere radikale Reform, eine Perestrojka, vortäuschen: Der ohnehin längst fällige Rücktritt eines Greises sollte – und das hatte auch Živkov selbst begriffen – eine Finte sein, um die Macht nicht etwa abzugeben, sondern sie nur in die Hände eines Jüngeren zu legen, der es wie Gorbatschow verstand, dem Westen zu gefallen und doch im Grunde nur eine radikale Restauration im Sinn hatte. Insider sagen, dass dies hinter der demokratischen Fassade auch überall geschieht.

Als Georgi Parvanov, bislang Vorsitzender der ehemaligen Kommunisten, im Herbst 2001 überraschend die Präsidentschaftswahlen gegen den an sich beliebten Petăr Stojanov gewann, wurde auf dem Parteitag im nächsten Frühjahr der erst 35-jährige Sergej Stanišev zu seinem Nachfolger gewählt. Dies signalisierte an der Oberfläche Verjüngung, andererseits war er der Sohn jenes alten Partisanen und Politbüro-Mitglieds Dimităr Stanišev, der im Januar 1996 in einem Interview sagte: »Faktisch hat die Partei die Opposition geschaffen. Die Opposition war nicht der Lenker der Ereignisse, sondern ihr Produkt. Es ist behauptet worden, der 10. November [1989, Anm. T. F.] sei Resultat des Kampfes der Opposition. Daß ich nicht lache! Wo, wann und gegen wen hat die Opposition gekämpft? Worin bestand der Kampf?« *

Was Stanišev meint, ist, dass selbst im Winter 1989/90, als sich die Demokraten der ersten Stunde aus Angst vor Abhörung in Sofioter Stadtparks versammelten, um ihre Oppositionsparteien und Gewerkschaften zu gründen, Mitglieder der Staatssicherheit darunter waren.

Das entstandene Chaos, wer nun woran schuld, wer wofür verantwortlich war, wurde rasch genutzt, um die von der Zentralverwaltungswirtschaft gemachten Fehler

---

* Ilija Trojanow: *Hundezeiten*. Heimkehr in ein fremdes Land. München: Hanser 1999, S. 70-90: »Wir machen uns eine Opposition«. Dort auch das Stanišev-Zitat.

der Demokratie anzukreiden. In den Zeitungen wurde darauf verwiesen, in welchem Zustand die Kommunisten Bulgarien bei ihrer Machtergreifung 1944 vorgefunden hätten, und was das Volk ihnen zu *verdanken* habe. War es nicht sogar ein Amerikaner, Eldon Griffiths, gewesen, der am 18. September 1964 der »Literaturen front« ihre Errungenschaften aufgezählt hatte?* »Vor dem Krieg verfügte Bulgarien über zehn Meilen gepflasterte Straßen, und die im Land erzeugte Elektroenergie hätte nicht einmal ausgereicht, um die Leuchtreklame des Times Square zu speisen. Die Bauern waren mit dreißig Lebensjahren schon alt. Die Kinder liefen barfuß umher und hatten noch nie ein Auto gesehen oder gar ein Radio gehört. Der Versuch der Kommunisten, aus diesem rückständigen Bauernvolk eine Industriegesellschaft zu machen, hat zu einem beachtlichen Erfolg geführt. Der Durchschnittsbauer hat nie besser gelebt als jetzt. Die sozialistische Gesellschaftsordnung hat das Analphabetentum abgeschafft, das Land ist vollständig elektrifiziert worden. In Bulgarien ist ein Wirtschaftswunder vor sich gegangen.«

Das alles ist richtig. Aber es verschweigt die Bedingungen, unter denen dies Wirtschaftswunder vor sich ging, die Flurschäden, die es anrichtete und die Philosophie, die ihm zugrunde lag. Diese Philosophie wird einschlägig als *Dirigismus* bezeichnet, und sie hat in Bulgarien nicht erst seit der Machtergreifung der Kommunisten Konjunktur. Dirigismus hat immer dann Konjunktur, wenn es noch keine Konjunktur gibt.

Wir sind aufgrund der Fülle von ökonomischen Hiobsbotschaften aus den ehemaligen RGW-Staaten leider daran gewöhnt, das Fehlen einer gesunden Konjunktur in diesen Ländern nur auf die Misswirtschaft der Kommunisten zurückzuführen. Diese haben ja auch durch Enteignungen

* zitiert nach: Elena und Ralf Engelbrecht: *Bulgarien-Handbuch*. Bielefeld: Peter Rump 2001[3], S. 107

und Verstaatlichungen eine sich entwickelnde Wirtschaft zerschlagen. Man darf aber über den Revolutionen die Persistenzen nicht übersehen, die immer weiterwirken. Es muss daher gefragt werden: Wie war denn das Verhältnis von Staat und Ökonomie im Zeitraum zwischen der Gründung des bulgarischen Nationalstaats 1878 und der Machtergreifung der Kommunisten 1944?

Einen wichtigen Fingerzeig gibt Richard Wagner in seinem Balkan-Buch.* Im Kapitel *Der gescheiterte Kapitalismus* schreibt er: »Eine Nationsidee und eine Gesellschaftsvorstellung bedürfen eines wie auch immer gearteten Grundkonsensus einer Gemeinschaft. Dieser Grundkonsens erwächst aus dem ökonomisch begründeten Bedürfnis nach einer Gemeinsamkeit, die über die Großfamilie und die Sippe hinausgeht und letzten Endes in der Urbanität zum Ausdruck kommt. Voraussetzung ist das Verlassen der Subsistenzwirtschaft durch die industrielle Produktion. Wo dieser Fall nicht eintritt, bleibt das Parlament in der Hand der Staatseliten, der Cliquen, die es als billige Legitimation benutzen.«

In Bulgarien waren diese ökonomischen Voraussetzungen nicht gegeben, wie der amerikanische Reiseschriftsteller Will C. Monroe feststellte, der im Rahmen der Balkankriege und der ihre Folgen untersuchenden Carnegie-Kommission nach Bulgarien gekommen war und seine profunden Kenntnisse 1914 in einem Buch mit dem Titel *Bulgaria and her People* ausbreitete. Bei sehr viel Sympathie und Verständnis schreibt er, dass es bis zum Ende des 19. Jahrhunderts in Bulgarien keine industrielle Produktion, sondern nur Heimarbeit und Manufakturwesen gegeben habe. Die industrielle Produktion sei auch nach der Staatsgründung nicht etwa aufgrund einer Eigendynamik entstanden, sondern deshalb, weil das Verschwinden der bis-

* Richard Wagner, *Der leere Himmel. Reise in das Innere des Balkan*. Berlin: Aufbau 2003

her undurchlässigen Grenzen des Osmanischen Reiches zu einer Importwelle auch solcher Produkte geführt hatte, die in Bulgarien daheim oder in kleinen Manufakturen und Handwerksbetrieben hergestellt und auf lokalen oder regionalen Märkten vertrieben worden waren. Die industriell hergestellten Importprodukte* lagen im Preis deutlich unter den in Bulgarien erzeugten Gütern und entzogen ihren Herstellern so rasch und unbarmherzig die bisherige Existenzgrundlage. Doch auch das hätte die »Staatseliten« und »Cliquen« nicht weiter interessiert, wenn es nicht jene Steuereinnahmen gefährdet hätte, aus denen sie sich ihre großzügig bemessenen Gehälter und Diäten zuteilten. Diesem Umstand ist es zu verdanken, dass die bulgarischen Regierungen, die damals ebenso rasch wechselten wie die zwischen 1989 und 1997, unter Handlungszwang gerieten und eine Industrie-Entwicklungspolitik einleiteten, ein Arbeitsrecht schufen und wirtschaftsfördernde Maßnahmen ergriffen, die deutlich merkantilistische Züge trugen. Bulgarische Produzenten waren angehalten, Rohstoffe und Vorfabrikate auch dann bei heimischen Zulieferern zu kaufen, wenn diese bis zu 15% teurer waren als importierte.

Da es außer einer hauchdünnen Schicht von Kaufleuten und Großgrundbesitzern, die im zerfallenden Osmanischen Imperium reich geworden waren, damals in Bulgarien keine bürgerliche Mittelschicht im westeuropäischen Sinne gab, eine Klasse also, die durch Erfindungs- und Unternehmergeist selbsttätig eine Industrieproduktion hätte aufbauen können, war der staatliche Dirigismus die einzig mögliche politische Lösung. So wurden die Grundlagen für das, was ab Mitte des 20. Jahrhunderts Zentralverwaltungswirtschaft hieß, schon siebzig Jahre früher gelegt. Das schlimmste und folgenreichste Übel dieses dirigisti-

* Der Niedergang von Koprivshtitsa, dem Schafzucht-, Textil- und Weberstädtchen, ist beispiels-weise auf die Erfindung des mechanischen Webstuhls in England um 1860 zurückzuführen.

schen Aufbaus einer modernen industriellen Produktion war nicht nur das Fehlen einer bürgerlichen Unternehmerschicht, sondern auch, dass sie gar nicht auf eine gesunde Ökonomie abzielte. Sie war geleitet von der Angst der Staatsdiener vor dem Verlust der eigenen Pfründe, und diese Angst war angesichts einer nur rudimentär existierenden sozialen Schichtung in einer Bevölkerung von 90 % Analphabeten und entsprechend kaum vorhandenen Institutionen nur zu begründet. Wagner schreibt: »Die Machteliten der selbsterklärten Nationalstaaten kamen also nicht aus dem politisch marginalen Bürgertum, sie stammten vielmehr aus dem Apparat und reproduzierten sich aus diesem Apparat. Sie bestanden aus Staatsfunktionären, die nicht nur danach trachteten, den Zentralismus zu erhalten, sondern auch die effektive Macht des Staates über die Gesellschaft ausbauen und festigen wollten. Diese Eliten verwendeten die Parteien, um die Staatsfunktionen besetzen zu können. Wahlen und Machtübernahme zogen jeweils einen unendlichen Postenschacher nach sich. Da die unterentwickelte Gesellschaft wenige ansehnliche Posten bot, war der Staatsposten das Größte, was man erreichen konnte. Der Staat lebte auf Kosten der Gesellschaft, und die selbsternannten Eliten benutzten ihn als Instrument zur eigenen Bereicherung. So war die Korruption überall entsprechend weit verbreitet.«

Die chaotischen Verhältnisse der Wendezeit stellen daher keine neue Erscheinung in Bulgarien dar, und das Profil einer korrupten Klasse politischer Karrieristen, die angesichts der Labilität der Verhältnisse schauen müssen, ihre Schäfchen in wenigen Jahren ins Trockene zu bringen, hat sich nicht *durch die Staatsgründung* herausgebildet, sondern den Staat zum Zwecke der *Arbeitsbeschaffung für sich selbst* überhaupt erst auf den Weg gebracht.

Der heutige sozialökonomische Status Quo ist insofern, berücksichtigt man, dass Bulgarien sich vor dem Mauerfall nur durch Živkovs Geschick, der UdSSR immer neue Kredite und Sonderkonditionen abzuringen, über Wasser halten konnte, zwar nicht gerade glänzend, aber er ist – bei einem niedrigen Schuldenstand, auf den wir sogar neidisch sein könnten – zumindest real. Um es paradox auszudrücken: Ohne die potemkin'schen Fassaden der Propaganda sieht man endlich, was fehlt.

Lebensmittelgeschäft »Bogat i beden - Reich und arm«

Armutsrivalität

Minderheiten als Mittel populistischer Politik

Die Entwicklung des Populismus in der politischen Propaganda Bulgariens zeigt, wie fundamental der altrömische Satz »Divide et impera« ist. In der Regel wird er mit »Teile und herrsche« übersetzt; aber denkt man bei »Teilen« nicht an christliche Nächstenliebe, an die Verteilung von Almosen? Was gemeint ist, ist aber doch nicht *teilen*, sondern *spalten, auseinanderbringen, gegeneinander aufbringen*.

Im ersten Jahrzehnt nach der Wende war es noch einfach: Aus dem großen Gesamtschatten des Kommunismus waren langsam all seine Schatten*seiten* ans Licht gekommen, und es genügte für einen Politiker, seinen Antikommunismus herauszustellen und neue Enthüllungen über das alte System publik zu machen, um sich einen guten Namen zu machen. Mit der Abwahl der Regierung Kostov 2001 hatte sich dieser antikommunistische Furor erschöpft, und zwar an einer Realität, deren Härten zwar Folgen der vorherigen Misswirtschaft waren; dies aber den Menschen begreiflich zu machen, das war in einer Zeit des nackten Überlebens, in der jeder Tag so etwas wie eine Epoche für sich war, kaum noch möglich. Und so begann das Zwei-Parteien-Modell zu wanken. Es musste eine neue Glaubwürdigkeit her. Wo sollte die aber zu finden sein als bei einem Mann, der als letzter Sproß der bulgarischen Monarchie von den Kommunisten vertrieben worden war und somit nicht einfach nur für Antikommunismus stand, sondern für Wiedergutmachung und – als letzter Zar* – sogar für eine Art Erlösung.

Der Bann war gebrochen, die Parteienlandschaft wurde unüberschaubar. Alle Bevölkerungsgruppen hatten ihre Vertretung, es wurde eng. Und da eben begann, was in repräsentativen Demokratien allzu oft beginnt, wenn Defizite oder gesellschaftliche Missstände auftreten und die Torte zum Verteilen sehr klein: die Suche nach Schuldigen.

Die Oligarchen, aus der einstigen Nomenklatura hervorgegangen und durch die Verwandlung politischer in wirtschaftliche Macht einflussreich geblieben, wurden zwar ausgiebig beschuldigt, aber sie waren nicht belangbar. Sie gründeten notfalls selbst Parteien und bezahlten Anführer, die dem Volk das Nötige einbläuten. Außerdem waren sie nicht nur Gegenstand der Wut, sondern auch des Neides

---

* Simeon von Sachsen-Coburg-Gotha war nach dem Tod seines Vaters, Boris III., im Jahre 1943, mit 6 Jahren zum Zaren geweiht worden, bekam aber Regenten, die die Regierungsgeschäfte führten. 1946, bei der Errichtung der Volksrepublik, wurde er aus Bulgarien verbannt. 1996 kam er erstmalig wieder ins Land. 2000 gründete er, unbekannt, auf wessen Geheiß oder welche Veranlassung, die Bewegung NDS2, die im letzten Moment die Zulassung als Partei erhielt. Sie gewann 2001 mit über 40 % der Stimmen die Parlamentswahl. Simeon war bis 2005 Ministerpräsident.

einer Bevölkerung, für die Demokratie auch die Möglichkeit bedeutete, reich zu werden, ohne in einer (der richtigen) Partei sein zu müssen.

So begann die systematische Bezichtigung der Minderheiten. Da die muslimischen Staatsbürger wegen der internationalen Ächtung der Pogrome der Kommunisten in den 1980er Jahren, die zu einem Exodus Hunderttausender von ihnen geführt hatten, nicht mehr zur Verfügung standen, blieben die Roma als letzte Gruppe, die man für die bulgarische Misere und den schlechten Ruf im Ausland verantwortlich machen konnte.

So meldete die Presse fleißig die kleinen, angeblich typischen Übeltaten der Roma. Diese haben in der Tat in den Jahren seit dem Mauerfall im öffentlichen Raum massiv alles an Schwer- und Buntmetallen geklaut, was nicht niet- und nagelfest war; die Händler aber, die ihnen das Zeug abkauften, statt sie anzuzeigen, das waren Bulgaren, und die machten damit das große Geschäft. Von diesen war aber natürlich nie die Rede.

Das bulgarische Fernsehen zeigte im Nachrichtenblock eine Kurzreportage, wie sich Roma in seit Jahren leer stehenden Rohbauten oder verfallenden Plattenbauten einnisteten und dort alles vermüllten. Es gab zwar auch »ethnische Bulgaren« unter den Obdachlosen, aber wieder war von diesen nicht die Rede.

Bereits 2004 erschien in einem Tagungsband zum Thema der europäischen Integration Bulgariens ein Beitrag von Maria Projkova, der sich mit der Stimmungsmache gegen die Roma befasste. Eine der Schlussfolgerungen Projkovas lautete: »Die bulgarischen Medien verkünden mit sichtlicher Lust, dass die bulgarischen Roma dem Land nicht nur im Ausland Unannehmlichkeiten zuziehen, sondern auch [...] stehlen, sich illegal in Wohnraum einquartieren und die Bürger der wohlhabenderen europäischen Länder belästigen.«

Die Roma, als rasch reagierende Gruppe eigentlich eher *Indikator* für die Missstände, wurden als deren *Urheber* dargestellt. Mit zunehmendem Erfolg. Wer sich an die Propaganda des Živkov-Regimes gegen die bulgarischen Türken in den Jahren 1984-1989 erinnert, die ebenfalls dazu diente, das wankende Regime durch Schuldzuweisung an eine die Reformen angeblich sabotierende Minderheit zu retten, erkennt hier eine verhängnisvolle Kontinuität politischen Populismus, die das einfache Volk in den Reim fasst: »Für Hühnerklau / kommst du in den Bau. / Für Millionen / wird man dich verschonen.« Ein anderer Spruch bringt den Zynismus derer, die über allem stehen, auf den Punkt: »Gesetze sind eine Tür auf offenem Feld. Ein Dummkopf, wer hindurch geht!« Das Anti-Diskriminierungsgesetz, das rechtzeitig vor dem EU-Beitritt verabschiedet wurde, bildet keine Ausnahme.

Ein medienunabhängiger Grund für die überproportionale Negativwahrnehmung der Roma ist ihre Präsenz im Straßenbild, wo sie mit ihrer schlechten Kleidung und ihren hölzernen Pferdegespannen nicht sehr zivilisiert aussehen, wenn sie in unmittelbarer Nähe der Passanten Müllcontainer nach Wertstoffen absuchen, die sie teils an Sammelpunkten zum Kilopreis verkaufen, teils für häusliche Zwecke verwerten. Wirtschaftsgeografisch gesehen, haben die Roma das vermutlich effizienteste und billigste Recycling-System der Welt erfunden, aber Pferde und Leiterwagen passen nicht in jene Welt der Selbstkolonisierung, die ihre Identität mit dem Westen durch ängstlich-beflissene Mimikry manchmal übertreibt! Zum Straßenbild gehören auch die Romafrauen, die – um ihre Sozialhilfe zu bekommen – etwa zwei Wochen im Monat mit dem Reisigbesen die Straße kehren müssen. Das kommt die Kommunen billiger als der Einsatz von Kehrfahrzeugen.

Auch sonst befindet sich die Stadtreinigung fest in der Hand der Roma. Fast alle Männer, die von den Trittbrettern der Müllwagen springen und die großen Tonnen leeren, sind Roma. Auf den Baustellen, die im Investitionsboom der Jahre um den EU-Beitritt vor allem in Sofia allgegenwärtig waren, arbeiten ebenfalls vorwiegend Roma, da man sie schlechter oder auch gar nicht bezahlen kann. Dasselbe galt für die Ausschachtungsarbeiten der U-Bahn in Sofia und die Ausbesserungsarbeiten an Straßen und Gehwegen.

Das für viele ohnmächtige, verständlicherweise frustrierte Bulgaren so bequeme Vorurteil, Roma seien grundsätzlich arbeitsscheu, stimmt also nicht mehr als der bulgarische Glaube, alle Deutschen seien fleißig. Eher schon könnte man sagen, die Roma – die traditionell sehr stark auf Körperhygiene achten – seien dreckig, weil sie die Drecksarbeit machen, bei der ein Bulgare ebenso wenig gesehen werden möchte wie ein Deutscher in Deutschland (wo es die »Gastarbeiter« waren, die sie erledigten). Ein Bulgare sagte mir, er melde sich deshalb nicht arbeitslos, weil er dann mit Zigeunern die Straße fegen müsse. So tief wolle er nicht sinken. Er war auf dem Weg zu der Frau, die er mit den Kindern, die er ihr gemacht hatte, dem Schicksal überlassen hatte, um sich Geld für etwas zu Trinken zu holen und hatte nicht die geringsten Probleme mit seinem Selbstwertgefühl ...

Der dennoch extrem hohe Arbeitslosenanteil unter den Roma, der einige zur Auswanderung in reiche EU-Länder wie Deutschland treibt, ist daher weniger »Einwanderung in die Sozialsysteme«, was nur bei einer allerdings nicht geringen Anzahl der Fall ist, sondern Indikator für wirtschaftliche Strukturprobleme, gekoppelt mit massiven Problemen eines im europäischen Vergleich späten sozialen Wandels, der auch ethnische Bulgaren betrifft.

Als 1994 die Landwirtschaftlichen Produktionsgenossenschaften aufgelöst wurden, in denen viele Roma arbeiteten, und auch die im Sozialismus aus dem Boden gestampfte Versorgung der Regionen mit Industriebetrieben dem Ausverkauf unter ehemaligen Genossen anheim fiel, wurde der Stadt-Land-Gegensatz in Bulgarien extrem. Noch einmal so stark hat sich der Gegensatz zwischen Hauptstadt und Provinz verschärft. Während in Sofia die Arbeitslosenquote gegen Null geht (die Roma aber nicht mitgezählt!), beträgt sie in der Provinz meist weit über 30 Prozent. Wer fragt, wovon die Familien in den bulgarischen Provinzstädten dann leben, erhält meist die Antwort, dass ein Familienmitglied als Arbeiter oder Altenbetreuer im Ausland tätig ist und Geld schickt.

Die Roma, die im Gegensatz zu den Bulgaren nie Land besessen haben, sondern lange Zeit entweder Sklaven waren, die zum Betteln gezwungen wurden, oder freie Handwerker, die ihre Dienste den Bauern anboten, wurden hierdurch besonders betroffen. Ein Run auf die Städte setzte ein. Was bisher schlicht *Mahala* (Stadtviertel) oder *Katun*, also Zigeunerviertel, gewesen war, so wie es auch Bulgaren-, Armenier-, Türken und Judenviertel gab, wuchs in wenigen Jahren zu jenen Ghettos heran, die heute die europäische Öffentlichkeit entsetzen und viele Politiker (angeblich) so empören.

An der Diskriminierung der Roma, ihren Lebensverhältnissen und den wachsenden sozialen Spannungen in Bulgarien tragen die EU-Politiker jedoch selbst mit Schuld. Statt die Roma nur als *Sozialindikator* zu betrachten, der die wirtschaftlichen Strukturprobleme in Osteuropa nach dem Zusammenbruch des RGW-Raumes besonders stark erhellt, wie es Norbert Mappes-Niediek in seinem Buch *Arme Roma, böse Zigeuner* sachkundig ausführt, werden sie in geübter politischer Verkürzung als Problemgruppe definiert und so in scheinheiliger Betroffenheit überhaupt erst ethnisch stigmatisiert.

Diese politische Strategie hatte gleich zwei Vorteile: Erstens konnte man sich so moralisch reinwaschen und die

Schuldigen unter den politisch Verantwortlichen Bulgariens und seiner angeblich rassistischen Mehrheitsbevölkerung ausmachen; zweitens konnte man so legitimieren, dass man seine Hilfszahlungen auf die Behebung dieser angeblichen Diskriminierung beschränkte, zum Beispiel auf Sozial- und Arbeitsmarktprogramme *nur für Roma*. Das kommt billiger! Viele von ihnen liefen über das EU-finanzierte Programm *Jahrzehnt der Roma 2005-2015*, das von bulgarischer Seite flankiert wurde von der *Nationalen Strategie der Republik Bulgarien zur Integration der Roma 2012-2020*. Ergebnis bislang: Viele Initiativen, die sich sehr gut anhörten, sehr vielen Stiftungen und Consulting-Firmen Fördergelder bzw. Aufträge verschafften und ebenso viele soziologische Forschungsinstitute zu sehr umfangreichen Studien veranlassten, die Analysen und Vorüberlegungen zur Methodik möglicher Maßnahmen und ihrer Evaluation (Qualitätsmanagement!) zur Diskussion stellen usw. usf.

Die Lage der Roma in Bulgarien heute zeigt, dass kaum etwas davon bei den Betroffenen ankommt. Wohl aber wird darüber in den bulgarischen Medien berichtet. Und dies eben schürt den Unmut der bulgarischen Mehrheitsbevölkerung. Für die Roma, so Volkes medienmanipulierte Stimme, verpulvern die Europäer Geld – und wo bleiben wir?

In der Tat beträgt ja die Zahl der Roma in Bulgarien geschätzt 750 000; die Zahl der Bürger, die unterhalb der Armutsgrenze leben, aber 1,7 Mio. Wandern nun diejenigen in die reicheren EU-Länder aus, die nichts zu verlieren haben, weil sie bereits in Gettos aufgewachsen sind und weder ein geregeltes Arbeitsleben noch hygienische Wohnverhältnisse kennengelernt haben, so sorgen sie zu allem Überfluss auch noch für eine dramatische Verschlechterung des Images der Bulgaren insgesamt, denn in den meisten deutschen Berichten werden die Roma politisch korrekt als »bulgarische Staatsbürger« bezeichnet.

In den Forumsbeiträgen der Internetseiten bulgarischer Zeitungen, die über die Lage in Deutschland berichten, sind daher neben den üblichen primitiven Schuldzuweisungen auch sehr objektive Beobachtungen zu lesen. Eine Bulgarin zum Beispiel schreibt, dass sie bei der Wohnungs- und Arbeitssuche immer erst dann Probleme bekommt, wenn sie auf die Frage nach ihrer Herkunft antwortet, sie sei Bulgarin. Ein anderer Beiträger mit dem selbstironischen Avatar *Wute Emigranto* schreibt an die Adresse politischer Gutmenschen: »Ich kenne einige solcher Humanisten, die emsig für den Schutz und die Unterstützung solcher Sozialschmarotzer kämpfen. Aber wenn es darum geht, sie in der Nähe ihrer eigenen Wohnung anzusiedeln, werden sie plötzlich nervös und ändern ihre Meinung.«

Wer sich in seinem Urteil über Bulgarien und die Bulgaren nicht von Propaganda beeinflussen lässt, sondern sich an Fakten und sichtbaren Tatsachen orientiert, gelangt aber keineswegs zu einem negativen Fazit. Der soziale Frieden in Bulgarien ist nämlich trotz eines Minderheitenanteils von 15 % und der geschilderten Stimmungsmache erstaunlich stabil.

Bulgarien profitiert hier noch immer von seiner an sich üblen Geschichte. All die Völkerschaften auf dem Balkan waren vor dem Sultan und seinen bestechlichen Bürgermeistern und Beamten vor Ort gleich – gleich rechtlos. So entwickelte sich eine Art »verständnisvolles Nebeneinander der Untertanen.« Demgegenüber war Verschiedenheit in Glauben und Lebensart bloß eine Marginalie!

Fehlende Gegenwart

Mehr als ein Vierteljahrhundert ist seit dem Fall der Mauer und des Eisernen Vorhangs vergangen, »eine Generation«, wie man früher sagte. Längst ist in Bulgarien eine Jugend herangewachsen, die das pseudosozialistische Vorher gar nicht mehr kennt. Sie lebt zwar noch in den Ruinen eines Systems, das ständig über seine Verhältnisse wirtschaftete und die geschaffenen Kapazitäten kaum verwalten, geschweige denn bedienen oder gar in Wertschöpfung umwandeln konnte, weiß aber nichts mehr von den Einschränkungen und Zwängen, mit denen ihre Eltern sich abfinden mussten. Vielleicht kennt sie noch ein paar von den Eltern gern zitierte Zynismen wie: »Sie haben so getan, als würden sie uns bezahlen, und wir haben so getan, als würden wir für sie arbeiten.« Aber sie sind den Verhältnissen nicht mehr vollständig ausgeliefert, sondern haben die Chance, Bulgarien zu verlassen und ihr Glück woanders zu suchen. Das konnten früher nur Leute, die sich in der kommunistischen Partei hochgedient hatten. Was für eine Ironie: Genau die im vorletzten Text geschilderte Methode, mit der die BKP Bürger an sich, an die Volksrepublik zu binden versuchte, bewirkte oft das Gegenteil: Sobald sie den ersehnten Reisepass hatten, machten sie Gebrauch davon, aber nur in Richtung Ausreise!

Die junge Generation kennt auch nicht mehr den doppelt bürokratisierten Zwangsalltag – doppelt, weil jeder Antrag bei einer Behörde erst von dieser und dann noch einmal von einer Kontrollkommission der Partei geprüft wurde. Alles Lebensnotwendige war so schwer zu haben, dass man zusah, es sich ansonsten leicht zu machen und – siehe oben – nur so zu tun, als arbeite man, als sei man da, sei *dafür,* und zufrieden damit, auf die Freiheitsräume des ohnehin aufgrund der späten Urbanisierung noch unzureichend entwickelten Individualismus zu verzichten oder sie sich in den sozialistischen Kollektiven und geduldeten Subkulturen stückweise zusammenzusuchen.

Doch ist Sozialismus-Bashing nach 1989 nicht ebenso wohlfeil wie einseitig? Waren nicht auch im großen »Kónsum« des Westens um 1980 die Klagen über Sinndefizite, das Fehlen gesellschaftlicher Visionen und innere Leere der Menschen so groß, dass man die Generation der um diese Zeit erwachsen Werdenden die »No-future-Generation« nannte?

Ja, das war so. Doch es geht mir beim Aufzeigen der von den Bulgaren so lange gefühlten *Gegenwartsdefizite* auch gar nicht um ein pauschales Draufhauen auf die Leiche des Sozialismus; dieser beerbte ja schon einen Antagonismus zwischen Staat und Volk, der durch wirtschaftspolitischen Dirigismus und Autoritarismus geprägt war, sodass ein Aufgehen des Einzelnen in der Gesellschaft auch vor den sozialistischen Jahrzehnten kaum möglich war. Hierzu möchte ich etwas weiter ausholen.

Als nach einer ersten Öffnung des Osmanischen Reichs auch bulgarische Kaufleute mit dem Westen Handel treiben durften, Schiffe der Donaudampfschifffahrtsgesellschaft bis hinab in Elias Canettis spätere Geburtsstadt Rusčuk fahren konnten (ab 1835), war es unvermeidlich, dass mit westlichen Gütern wie Möbeln, Textilien und Maschinen auch westliche Ideen und Kenntnisse der dortigen politischen und wirtschaftlichen Verhältnisse nach Bulgarien gelangten. Dies brachte einen bulgarischen Nationalaufklärer der ersten Stunde, Petko R. Slavejkov (1827-1895), von Beruf Lehrer, von Berufung Dichter und volksaufklärerischer Publizist, dazu, um 1870 in einem seiner Artikel zu verkünden, Bulgarien liege circa zwei- bis dreihundert Jahre hinter den Entwicklungen in Europa zurück. Dies war die Geburtsstunde einer irrationalen bulgarischen Europasehnsucht, der bis heute keine Ernüchterung durch erfahrene Wirklichkeit etwas anhaben kann.

Das Osmanische Imperium war ja ein Reich alten Stils, also nicht nur pränational, sondern auch voraufklärerisch und präindustriell, kurz: Es wurde von den national- und rechtsstaatlichen Entwicklungsschüben, wie sie in Westeuropa stattfanden, nicht erfasst. Ständegesellschaft und Steuerlast – unter diesen Stichworten lassen sich vielleicht am ehesten die Verhältnisse benennen, die die Bulgaren bedrückten, zumal sie gleich doppelt Untertanen waren: als Ungläubige die des Sultans und als orthodoxe Christen die des griechischen Patriarchen in Konstantinopel.

Wer das Gefühl *fehlender Gegenwart* verstehen möchte, das in den Klagen der Bulgaren bis zur Jahrtausendwende immer wieder durchkam, der muss die gesellschaftliche Statik mit der wachsenden Kenntnis dessen, was in Europa zeitgleich vorging, in Beziehung setzen. Schon der Aufklärer Ivan Bogorov, der 1846 in Leipzig bei Breitkopf & Härtel die erste Zeitung in bulgarischer Sprache, den *Orel* (Adler) hatte drucken lassen, ist bekannt durch das geflügelte Wort: »Die Kultur kommt die Donau herabgeflossen.«

Gegenwart ist also, bezogen auf Gesellschaften, kein objektiver Begriff der physikalischen Zeit oder jener drei Sekunden währenden Momentwahrnehmung, die für Neurobiologen als Gegenwart gilt. Ebenso wenig ist es ein rein subjektiver Begriff »empfundener Eigenzeit«. Nein, im Kulturkontext ist Gegenwart ein vergleichendes Zeitmaß, das ein bereits erwachtes historisches Bewusstsein ebenso voraussetzt wie das Wissen um geschichtliche Entwicklungsprozesse andernorts. Und diese laufen eben je nach dem Stand der staatlichen und ökonomischen Infrastruktur unterschiedlich schnell ab.

Die immer wieder neue Abriegelung Bulgariens in seiner Nationalstaatsgeschichte seit 1878, die Abhängigkeit von Großmächten, die einen Teil ihrer Machtkämpfe auf dem Balkan austrugen und hier nicht nur sich gegenseitig neutralisierten, sondern eben auch die politische Eigendynamik lähmten, haben ins Zeitbewusstsein der Bulgaren, soweit sie nicht ohnehin noch in ländlicher Zeitferne lebten, eine schmerzende Kerbe geschlagen, die sich etwa so beschreiben lässt: *Prägend für die Geschichte Bulgariens sind nicht Entwicklungen, sondern Brüche*, meist verbunden mit politischen Umstürzen, die alles zuvor Erreichte zunichte machten. Am tragischsten war dies vielleicht in Bulgariens Schlüsseljahrzehnt, den Jahren 1934-1944, als eine bereits entwickelte bürgerliche Gesellschaft unter dem Druck Hitlers und des folgenden Weltkriegs wieder in den Vasallenstatus zurückfiel. Bulgarien war im Zweiten Weltkrieg zwar Verbündeter des Deutschen Reichs, aber nicht freiwillig. De facto wurde es als südliche Aufmarschbasis zur Ostfront benutzt, logistisch als Reservoir für Benzin,

Rohstoffe, Lebensmittel und Kleidung. Auch die Enteignung vermögender jüdischer Kaufleute und Industrieller diente der Finanzierung des teuren Krieges. 1944 schließlich wurde Bulgarien als Bauernopfer der Alliierten Stalins Einfluss überlassen, der nach dem Einmarsch der Roten Armee im September 1944 die Plünderung des Landes bruchlos fortsetzte.

Wie kann sich das für einen modernen Gegenwartsbegriff so wichtige *Gefühl von Aktualität* einstellen, von *neuem Jetzt* gegenüber *abgelebtem Vorher*, wenn das grundlegende Lebensgefühl eines von Ohnmacht und Entwicklungsstau ist? Genau dies ist ja der klaffende Graben, über den die ideologischen Versprechungen populistischer Führer so gern ihre Fata-Morgana-Brücken bauen. Am ehesten helfen hier noch so windige Sprüche wie die chinesische Weisheit, dass auch eine Reise von tausend Meilen mit dem ersten Schritt anfängt. Das will sagen, Gegenwart stellt sich ein, wenn alle so tun, als gäbe es sie, und nicht mehr auf Erlöser warten, die sie ihr versprechen.

Die Demonstrationen und Proteste, die seit 2013 in Bulgarien massenhaft Zulauf fanden, mögen teilweise noch immer von interessierten Kreisen beeinflusst, wenn nicht gesteuert sein, aber in der Breite zeigen sie, dass der Glaube an Erlöser auf dem Rückzug ist, die geforderte Zivilgesellschaft hingegen auf dem Vormarsch.

Bitte beachten Sie auch folgende Bulgarien-Bücher des Autors

Thomas Frahm
Die beiden Hälften der Walnuss
Ein Deutscher in Bulgarien
160 S., Hardcover mit Schutzumschlag
ISBN 978-3-7357-8652-4

In fünfzehn Texten kratzt der Autor an Vorurteilen über Bulgarien und am Blattgold touristischer Sehenswürdigkeiten, um freie Sicht auf das verborgene Leben, die komplexen Zeitschichten, die Traditionen, Brüche und mentalen Verwerfungen Bulgariens zu erhalten.

• Geistige Anreise • Kleine Physiognomie oder Vom Ja- und Nein-Sagen • Wie europäisch ist Bulgarien? • Sinn und Sinne der Sprache • Die beiden Hälften der Walnuss • Martenizi (Deutung des bekanntesten bulgarischen Brauchs) • Bulgarischer Humor • Die ausgebreiteten Arme der Bogoroditsa • Wirklichkeit ist Verhandlungssache • Eine Welt vor dem Geld • Bulgarien könnte ein Fest sein • Die Wende kommt noch • Dialoge mit Pescho (Interkultureller Schwank) • Heimfahrt (Eine Busfahrt von Bulgarien nach Deutschland) • Als Deutscher in Bulgarien (Was man sieht und was man übersieht)

Pressestimmen

Bulgarien? Wie geht es dort zu? Gäbe es da nicht einen Deutschen, der dort lebt und sich darum kümmert, dann wüssten wir rein gar nichts. Er heißt Thomas Frahm und lebt seit vierzehn Jahren in Sofia. Jetzt hat er vierzehn Texte über seine Wahlheimat in einem Buch vereinigt. In aller Kürze erfahren wir darin alles über Geschichte und Gegenwart eines Landes, das, wie so viele Länder auf dieser Welt, erhebliche Schwierigkeiten mit der Moderne hat. Wir im reichen Westen werten diese Schwierigkeiten gerne als Fehler, entweder als Versagen der jeweiligen, sich nicht nach Wunsch Entwickelnden oder als die ewige Schuld des Westens, der als Urheber der Moderne in erster Linie als Verursacher aller denkbaren Schattenseiten gesehen wird. Durch das Dickicht der Klischees und Vorurteile arbeitet sich der Autor mit einem abwägenden, präzisen, im besten Sinn ethnologischen Blick. Es gelingt ihm, wie ich meine, auf das Beeindruckendste, der bei näherer Betrachtung doch unübersichtlichen Realität gerecht zu werden. Vor allem aber vermag er die Fülle der Erfahrungen, der Eindrücke und des angelesenen Wissens literarisch zu bewältigen. Der Genuss bei der Lektüre ist dergestalt, dass einem zuletzt das Büchlein viel zu kurz geraten erscheint. Denn wie unbedeutend dieses Bulgarien aus irgendeiner weltpolitischen Sicht auch immer sein mag – es ist ein unverwechselbares Stück Welt mit ebensolchen Menschen darin, und so etwas ist immer interessant, wenn es einem jemand richtig erzählt. Thomas Frahm kann das vorzüglich, weshalb ihm viele Leser folgen sollten.

Wiener Zeitung

Thomas Frahm [...] verfällt nicht in Klagen darüber, dass Bulgarien derart ignoriert wird. Sondern unternimmt schlicht einen Versuch der Aufklärung. Er erzählt von Gastfreundschaft und Großmannssucht, Minderwertigkeitsgefühlen und Improvisationstalent. Und leitet seine Beobachtungen von den Umständen ab, unter denen Bulgaren leben. [...] Thomas Frahm hat sich eine kritische Distanz bewahrt zu seiner zweiten Heimat (die zu seiner ersten ist nicht geringer), aber er weiß eben viel mehr über Bulgarien als die meisten Deutschen.

Süddeutsche Zeitung

Bulgarien scheint für die meisten Westeuropäer gleich neben der Achse des Bösen zu liegen und wird fast ausschließlich mit Korruption, Sinti und Roma, Kriminalität, Armut sowie Schattenwirtschaft assoziiert. Frahm knackt in seinem kurzweiligen Buch diese und einige andere Nüsse: Er erläutert das Nicken der Nein sagenden Bulgaren und das Kopfschütteln der Ja sagenden mit dialektischer Finesse und schildert die Geschichte des Landes als eine Ausplünderung erst durch Besatzer, dann durch die eigenen Eliten, weshalb der Balkanstaat weder gesellschaftlichen Wohlstand ansammeln noch ebensolche Institutionen stabiler Art ausbilden konnte. [...] Sein eigenes Geld oder doch hoffentlich das nichtmonetäre Äquivalent verdient Frahm als Journalist und Übersetzer. Einige Autoren, unter ihnen der bulgarische Epiker Vladimir Zarev, dürften von seiner Eloquenz und seinem Witz enorm profitiert haben. In dieser Sammlung von Aufsätzen legt Frahm beidem kaum Fesseln an: Vom Witz gelangt der Schelm mühelos zu Kant, vom Erlebnis zu soziologischen Klassikern, von Gesprächen mit Klempnern und Künstlern zur Historie.

Neue Zürcher Zeitung

Gegenwarten • Bulgarische Prosa nach 1989
Übersetzt und herausgegeben von Thomas Frahm
202 S., Hardcover mit Schutzumschlag • ISBN 978-3-929634-64-8

Aus dem Wissen um die Fortdauer *mehrerer abgebrochener Entwicklungsstränge* war Gegenwart in Bulgarien immer ein Plural. Hat 25 Jahre nach der Wende endlich so etwas wie *eine* ausgefüllte Gegenwart den Plural fehlender Gegenwarten in den Köpfen der Bulgaren ersetzt?

Vladimir Zarev: *Rückkehr* und *Privatkloster* • Léa Cohen: *Das Klavier von Block 31* • Ljubomir Kanov: *Psychiatrie* • Boris Christov: *Die Beerdigung des Trödlers* • Galina Zlatareva: *Liebe verleiht Flügel* • Kristin Dimitrova: *Grenzen* • Kalin Terzijski: *Die Liebe einer Frau von 35 Jahren* • Mirela Ivanova: *Bermuda-Dreieck* • Evelina J. Lambreva: *Der kleine Dudelsackspieler* • Tschawdar Tsenov: *Zebrastreifen.*

Verborgenes Leben • Neue Prosa aus Bulgarien
Hg. von Evelina J. Lambreva • Aus d. Bulgarischen von Thomas Frahm
180 S., Hardcover mit Schutzumschlag • ISBN 978-3-929634-69-3

Der CHORA Verlag setzt seine belletristische Kartierung Bulgariens fort mit Erzählprosa zeitgenössischer Autorinnen und Autoren, die teils schon sehr berühmt in ihrer Heimat sind, teils aber selbst dort noch zu entdecken sind. Leitend war auch diesmal der Gedanke, ein Bulgarien, von dem nichts in den Zeitungen steht, vorzustellen, Menschen zu zeigen, die unbeachtet leben, deren Geschichten aber gerade deshalb mehr verraten als jede empirische Studie. Nachdem in *Gegenwarten* ein Deutscher die Auswahl traf, hat nun eine Autorin bulgarischer Herkunft die Auswahl besorgt. Literaturwissenschaftlerin Ljudmila Kirova liefert in ihrem Nachwort wissenswerte Hintergründe.

Kristin Dimitrova: *Tod des Dichters* • Galin Nikiforov: Aus dem Roman *Sommer der Verlierer* • Jordanka Beleva: *Mein Erster Weltkrieg* und *Heranwachsen eines Fotos* • Denica Dilova: *Love for Sale* und *Die Enthüllungen des Aleko Dundić* • Olja Stojanova: *Treffen in Tirana* und *Mutter* • Stefan Bonev: *Träume e. alten Einmachglases* und *Anstehen für Käse* • Svetlana Ditcheva: *Ein Haus zum Sterben* und *20 Minuten Verspätung* • Zdravka Evtimova: *Maulwurfsblut* und *Hinter dem Herzbluten die Welt* • Nikolai Fenerski: *Plünderer* und *Hauptbahnhof: 4 Leva* • Dejan Enev: *Storchenschnee* und *Das Lied* • Tchavdar Tsenov: *Kinderfahrrad*

Thomas Frahm
Heiliger Buchstabe, heillose Zeiten
Texte zur bulgarischen Literatur
240 S., Hardcover mit Schutzumschlag
ISBN 978-3-929634-70-9

Abriss der bulgarischen Literaturgeschichte
Vorgeschichte: Thraker - Römer - Völkerwanderung • Christen - Bulgarien Kubrats • *Reichsgründung, frühe Schriftlichkeit:* Reich der Blauen Bulgaren - Kyrill und Method, Pannonische Legenden - Drei-Sprachen-Dogma und Trinitätsstreit - Über die Buchstaben - slavische Orthodoxie, kyrillische Schrift - Ioan Ekzarh - Bogomilen, Prezviter Kozma • *Bulgarien unter Byzanz:* Kämpfe, griechisches Schrifttum • *Zweites Bulgarenreich:* Kämpfe um staatlichen Zusammenhalt - Hesychastische Mystik - Evtimij und Grigorij Tsamblak - Boyana • *1. Phase der Osman. Herrschaft (bis 1761):* Despoten - Millet-System - Pop Peyo und Matej Gramatik - Das Abagar • *2. Phase d. Osman. Herrsch. (bis 1861):* Paissi - Slavobulg. Geschichte - Zustände - Sofroni und sein Werk - Entwicklung des Schul- und Bildungswesens • *Bis zur Befreiung (1861-1878):* Bulgarische Volkslieder - Rakovski - Muteva - Karavelov - Botevs Ballade • *1878-1911:* Bulgarian Horrors - Chronist Simeon Radev - Erster Großschriftsteller: Vasov - Realismus und Engagement: Stoyanov - Pathos und Satire: Mihajlovski - Die Slavejkovi - Javorov - Konstantinov, nega-tives Nationalbewusstsein • *1912-1944:* Balkanpolitik der Großmächte - Spaltung der sozialen Sphären - Jovkov - Debeljanov - Smirnenski - Milev - Dalčev - Kamenova und die Schriftstellerinnen - Hadžijski - Filov • *1944-1990:* Dimovs »Tabak« - Talev und die Makedonienfrage - Blaga Dimitrova - Konstantin Pavlov - Dubarova • Epilog: Moderne Klassiker - Boris Christov - Öffnung zum Westen - Stratievs Europa - Alek Popovs »Denkzettel«

Essays
Probleme der Vermittlung bulgarischer Literatur • Zur Lage der bulgarischen Literatur nach 1945 • Grenzüberschreitende Nationalliteratur? • Die bulgarischen Schriftsteller und die öffentliche Moral • Georgi Markov: Von der Emigration zum Exil

Bibliografie
Liste noch lieferbarer Übersetzungen aus dem Bulgarischen ins Deutsche seit 1950 (Lyrik - Erzählung - Roman) • Bücher ausländischer Autoren über Bulgarien • Sachliches - Fachliches - Reiseführer

von Moltke · Hackländer · zu Erbach-Schönberg

Besuch am Rande

Deutsche Bulgarienreisende im 19. Jh.

192 S., Hardcover mit Schutzumschlag

ISBN: 978-3-929634-71-6

Als die drei Autoren dieses Bandes nach Bulgarien oder durch Bulgarien reisten, war das Zeitalter der Nationalstaatsgründungen (bis heute im Grunde nicht abgeschlossen) in vollem Braus. Auf der Suche nach Legitimation wurden andere Länder und Reiche mal verherrlicht, mal verteufelt, vor allem in Zeitungen, als sie noch *Intelligenzblätter* hießen.

Bulgarien ist ein gutes Fallbeispiel. Da es den Großmächten im 19. Jahrhundert plötzlich gefiel, das zuvor bekämpfte Osmanische Reich zu stützen, wurden halt die Bulgaren diffamiert als dumm und brutal – und vor allem als sowieso unfähig, einen eigenen Staat aufzubauen und zu verwalten. Wer konnte solche Berichte schon überprüfen?

Hier wird unmittelbar deutlich, welchen Wert Reisen haben können, der eigene Augenschein, die eigene Erfahrung – vor allem, wenn davon so anschaulich erzählt wird wie in den Texten dieses Buches.

Leseprobe:

»Unser Weg führte uns am Palast des Pascha vorüber, einem großen baufälligen Hause aus Fachwerk mit vergitterten Fenstern und weit hervorragendem Dach. Gegenüber auf einem freien Platz standen einige Kanonen. Hierauf durchwanderten wir den Bazar, eine lange Straße zwischen zwei Reihen von Buden, deren Dächer fast zusammenstießen, so daß man einigermaßen gegen Sonne und Regen geschützt geht. Pfeifen, Pferdegeschirr, baumwollene und halbseidene Gewebe, Früchte, Stiefel und Pantoffel waren die einzigen Gegenstände, welche dieser Markt bot. Endlich erreichen wir das Hann oder den türkischen Gasthof. Dieser gewährt den Reisenden ein Obdach, aber durchaus weiter nichts. Irgendein reicher Pascha erbaut ein solches Hotel als eine Art frommer Stiftung, aber niemand denkt daran, es zu möblieren oder nur in baulichem Stand zu erhalten. Jedes Hann hat seine Fontäne, die reicheren zugleich eine Moschee und ein Bad, aber der Reisende muß sein Lager wie seine Mahlzeit selbst mitbringen. Mir fiel es besonders auf, daß in einer Stadt, die einen so rauhen Winter hat wie hier an den Ufern der Donau, nicht einmal Fensterscheiben zu finden waren. Die Fenster waren entweder ganz offen oder höchstens mit Papier verklebt.«

Helmuth von Moltke über Rustschuk 1837

Thomas Frahm

Träume ohne Schlaf

Bulgarische Frauengeschichten

152 S., Hardcover mit Schutzumschlag

ISBN: 978-3-929634-68-6

Manches kann man nicht erklären, man kann es nur erzählen. Beim Erzählen ist zwar auch viel Lüge, Übertreibung und subjektive Gewichtung im Spiel; aber verleihen nicht gerade sie dem Einzelnen die Würde, etwas Einzigartiges zu sein, die Welt auf unverwechselbare Weise zu sehen? In 20 Erzählungen, viele davon nach mündlich erzählten Lebensgeschichten aufgeschrieben, erfährt der Leser etwas von dem Leben der menschen in Bulgarien, wie es in der Berichterstattung, auch der kulturellen, nie sichtbar wird.

Auszug aus: *Zwei ohne Schlaf*

Auf einem Balkon, der sich kaum noch an der Außenwand zu halten schien, quälten sich Primeln, Kräuter und Tränende Herzen aus scherbigen Tontöpfen und nickten mir übers rostige Geländer zu. Auf einem anderen hatte jemand spitze rote Paprikaschoten, die an den Stielen aufgefädelt waren, über die ganze Breite gespannt. Das sah aus wie eine Girlande mit Lampions für eine Kinder-Gartenparty, und ich erwartete, dass jeden Moment kleine Birnchen in den zum Trocknen aufgehängten Schoten aufleuchteten und eine Bande Vorschulkinder die wackligen Steinfliesen des Hofes stürmte, um darauf Himmel und Hölle, Springseilchen oder Gummitwist zu spielen. Unter den vergitterten Fenstern oder verglasten Balkonen der ersten Etage, auf dem, was zu Zeiten, als diese Höfe noch genutzt wurden, einmal Beete gewesen sein mussten, spreizte Geranium seine Finger. Hier und da inselten Krokusse. Robinien erhoben knarrend ihre Kronen zum Licht.